Aspekte|neu

Mittelstufe Deutsch

Intensivtrainer 3
mit Prüfungstraining DSH und TestDaF

von
Marion Lütke,
Lenka Bidnenková, Maria Militchina, Volha Petrasiuk

Ernst Klett Sprachen

Stuttgart

Von: Marion Lütke, Lenka Bidnenková, Maria Militchina, Volha Petrasiuk

Redaktion: Carola Jeschke
Zeichnungen: Daniela Kohl
Umschlaggestaltung: Studio Schübel, München (Foto Birnbaum: dp@ric – Fotolia.com;
Foto Glühbirne: chones – Fotolia.com)

Verlag und Autoren danken allen Kolleginnen und Kollegen, die *Aspekte | neu* erprobt und mit wertvollen Anregungen zur Entwicklung des Lehrwerks beigetragen haben.

Für die Audios:
Sprecherinnen und Sprecher: Simone Brahmann, Julia Cortis, Walter von Hauff, Vanessa Jeker, Florian Marano, Katharina Pretscher, Florian Schwarz, Kathrin-Anna Stahl, Peter Veit, Andreas Wirthensohn
Regie und Postproduktion: Christoph Tampe
Studio: Plan 1, München

Aspekte	neu 3 – Materialien	
Lehrbuch mit DVD	605034
Lehrbuch	605035
Audio-CDs zum Lehrbuch	605039
Arbeitsbuch mit Audio-CD	605036
Lehr- und Arbeitsbuch 3 mit Audio-CD, Teil 1	605037
Lehr- und Arbeitsbuch 3 mit Audio-CD, Teil 2	605038
Unterrichtshandbuch inkl. Digitalem Unterrichtspaket	605246
Intensivtrainer mit Prüfungstraining	605041

Das Transkript zum Intensivtrainer, Lösungsvorschläge zum schriftlichen und mündlichen Ausdruck sowie weitere Materialien zu Aspekte | neu finden Sie unter:
www.aspekte.biz
www.klett-sprachen.de/aspekte-neu

Symbole im Intensivtrainer

 Diese Aufgaben sind zum Wiederholen und Auffrischen geeignet.

Modul 1 Diese Übungen im Intensivtrainer sind den entsprechenden Modulen im Lehrbuch zugeordnet.

 Diese Aufgabe entspricht einem Format der Prüfung DSH oder TestDaF.
DSH

 Hören Sie auf der CD Track 2.
2

1. Auflage   1 ⁸ ⁷ ⁶ | 2023 22 21

Satz und Repro: Satzkasten, Stuttgart
Druck und Bindung: Elanders GmbH, Waiblingen

ISBN 978-3-12-605041-8

9 783126 050418

Inhalt

Übersicht Prüfungsformate

Im Aspekte | neu Intensivtrainer finden Sie Aufgaben, die auf die Prüfungen TestDaF (Test Deutsch als Fremdsprache) und DSH (Deutsche Sprachprüfung für den Hochschulzugang) vorbereiten.

	Leseverstehen (LV)	Hörverstehen (HV)	Schriftlicher Ausdruck (SA)/ Textproduktion (TP)	Mündlicher Ausdruck (MA)	Wissenschafts-sprachliche Strukturen (WS)
TestDaF	1: K6, Seite 50 f. 2: K3, Seite 26 f. 3: K1, Seite 10	1: K2, Seite 18 2: K7, Seite 58 3: K9, Seite 74	K5, Seite 42 f.	1: K1, Seite 10 2: K1, Seite 11 3: K7, Seite 59 4: K8, Seite 67 5: K3, Seite 27 6: K9, Seite 75 7: K1, Seite 11	–
DSH	K8, Seite 66 f.	K4, Seite 34 f.	K2, Seite 18 f.	K5, Seite 43	K10, Seite 82 f.

Alltägliches

Auftakt **1a Lösen Sie das Kreuzworträtsel und finden Sie sechs Wörter zum Thema Alltag.**

1		L	A	N	G	E	W	E	I	L	E		
2	S	O	R	G	L	O	S	I	G	K	E	I	T
3	A	B	W	E	C	H	S	L	U	N	G		
4			R	O	U	T	I	N	E				
5			S	P	A	S	S						
6	E	I	N	T	O	E	N	I	G	K	E	I	T

1. das Gefühl, dass die Zeit langsam vergeht
2. Unbekümmertheit
3. Unterbrechung der Monotonie, Unterhaltung
4. Erfahrung, Geschicklichkeit, Gewohnheit
5. Freude, Vergnügen
6. Monotonie

ä=ae, ö=oe, ü=ue, ß=ss

Lösungswort: __Alltag__

b Mein Alltag als Superheldin. Ergänzen Sie den Text mit den Wörtern aus dem Kasten.

erledigen	halten	kümmern	stehen	zappen	zubereiten

So sieht meine Elternzeit aus: Morgens nach dem Aufstehen muss ich mich

zuallererst um die Kinder (1) __kümmern__, danach dann im Super-

markt stundenlang an der Kasse (2) __stehen__. Oft habe ich

auch noch einen Behördengang zu (3) __erledigen__, bevor ich

dann anfangen muss, das Essen (4) __zuzubereiten__. Und gleichzeitig

muss ich noch den gesamten Haushalt in Ordnung (5) __halten__.

Abends schaffe ich es dann meist nur noch, mich hundemüde durch die

Fernsehprogramme zu (6) __zappen__.

Modul 1 **2a Komposita mit Zeit. Ergänzen Sie.**

Zeitverschwender
Zeitung
Zeitschrift
Zeitraum
Zeittafel

Zeit-/zeit-

b Zeitempfinden. Erklären Sie die folgenden Wörter mit Ihren eigenen Worten.

1. zeitlos — Etwas, was nicht mit der Zeit verbunden ist.

2. zeitraubend — Etwas, was viel Zeit braucht.

3. zeitig — Etwas, was zu der richtigen Zeit geschieht.

4. zeitgemäß — Etwas, was zu der Zeit passt.

5. der Zeitpunkt — Der Moment.

6. das Zeitalter — Die Epoche.

7. der Zeitdruck — Wenn etwas bald fertig sein muss, gibt es Zeitdruck.

8. der Zeitgeist

4

Modul 2 **3a** Sind alle Deutschen Vereinsmeier? Ordnen Sie die Buchstaben und Sie erhalten acht Komposita mit Verein.

melgtiid

meeerii

vesdzretoinr

siegt

kolla

belen

tierab

onnudrg

1. Vereins *Mitglied*
2. Vereins *lokal*
3. Vereins *ordnung*
4. Vereins *leben*
5. Vereins_____
6. Vereins_____
7. Vereins_____
8. Vereins_____

Man kann Freunde machen, neue Fähigkeiten lernen, fit bleiben.

b Notieren Sie in Ihrem Heft fünf mögliche Gründe, einem Verein beizutreten.

Modul 3 **4** Smartphones und Spielsucht. Wie kann man das anders sagen? Suchen Sie im Text von Modul 3 im Lehrbuch die passenden Ausdrücke.

1. ____ spielen
2. ____ alarmieren
3. ____ versagen
4. ____ auf andere Gedanken bringen
5. ____ übertrieben
6. ____ entfernen
7. ____ abwehren
8. ____ pausieren

a Alarm schlagen
b exzessiv
c scheitern
d unterbrechen
e verhindern
f wegbrechen
g zerstreuen
h zocken

Modul 4 **5** Wohngemeinschaften für Senioren. Welches Wort passt? Kreuzen Sie an.

(1) [a] Trotzdem [b] Obwohl es vielen Senioren (2) [a] wichtig [b] deutlich ist, ihre (3) [a] einzelnen [b] eigenen vier Wände zu haben, legen sie (4) [a] demnach [b] dennoch Wert darauf, dass (5) [a] jemand [b] viele da ist, der auch mal helfen kann. Außerdem haben viele Senioren in ihrem (6) [a] bisherigen [b] momentanen Leben bereits in einer (7) [a] Gleichheit [b] Gemeinschaft gelebt, da die (8) [a] meisten [b] häufigsten aus einem (9) [a] Familienverbund [b] Generationenhaus kommen. In der WG kochen sie (10) [a] beide [b] gemeinsam und sie verbringen ihre Freizeit (11) [a] zusammen [b] alle. (12) [a] Aber [b] Denn jeder kann sich auch (13) [a] zurücklegen [b] zurückziehen, wenn ihm (14) [a] dazu [b] danach ist. Die (15) [a] Kosten [b] Preise für Einkäufe und für die (16) [a] Gemeinschaft [b] Unterstützung durch professionelle (17) [a] Kräfte [b] Mitglieder werden geteilt. Und den (18) [a] Entscheidungen [b] Aussagen der Senioren zufolge, (19) [a] klappt [b] fließt das Leben in der Senioren-WG sehr gut. Aber damit das Leben in der Senioren-WG auch funktioniert, sollten im (20) [a] Vorgang [b] Vorfeld klare Regeln aufgestellt werden.

Redemittel

6a Warum ich mich in einem Tierschutzverein engagiere. Gründe anführen. Ergänzen Sie den Text mit den Redemitteln aus dem Kasten.

> Auslöser   aus diesem Grund   dazu kommt noch   aufgrund der Tatsache   auch deshalb   Grund dafür

(1) _____, dass ich schon als kleiner Junge Interesse an Tieren hatte, habe ich

Veterinärmedizin studiert und das war auch der (2) _____, Mitglied in einem

Tierschutzverein zu werden. Im Verein hatte ich die Chance, Dinge zu lernen, die ich im Beruf brauche.

(3) _____ finde ich die Tätigkeit dort besonders interessant, obwohl ich nicht

allein (4) _____ dem Verein beigetreten bin. (5) _____

war, wie gesagt, mein Interesse an Tieren. (6) _____, dass ich auch sehr gerne mit

Menschen zusammen bin.

b Jemanden überreden / Argumente anführen. Ergänzen Sie die Redemittel und ordnen Sie dann zu: Welche Redemittel gehören zu _überreden_ (Ü) und welche zu _Argumente anführen_ (A)?

1. ____ Für uns _____, dass …

2. ____ Das _____ daran ist, dass …

3. ____ Du könntest doch _____ mal …

4. ____ Im _____ zu anderen Vereinen …

5. ____ Wichtig für _____ ist, dass …

6. ____ Hättest du nicht mal _____, …

7. ____ Wie _____ es, wenn du mal …

8. ____ _____ doch einfach mal über deinen _____ und …

9. ____ Ich würde _____, dass …

c Versuchen Sie, mit vier Sätzen einen Freund / eine Freundin dazu zu überreden, Mitglied in einem Umweltschutzverein/Kulturverein/Sportverein zu werden.

7a Ein typisches WG-Problem? Zwei Bewohner einer WG diskutieren miteinander. Bringen Sie den Dialog in die richtige Reihenfolge und markieren Sie dann, mit welchen Formulierungen Sie _Probleme ansprechen_ (P) und mit welchen Sie eine _andere Position vertreten_ (AP). Kreuzen Sie an.

		P	AP
____ a	Das ist deine Meinung. Ich bin der Ansicht, dass wir sehr viel Rücksicht auf dich nehmen.	☐	☐
____ b	Es stimmt, dass ich oft Freunde einlade, um mit ihnen zu proben. Trotzdem finde ich, dass wir gar nicht so laut sind.	☐	☐
____ c	Es ist einfach nicht in Ordnung, dass du in diesem Punkt so wenig Rücksicht auf mich nimmst.	☐	☐
____ d	Ich verstehe ja, dass du früh schlafen gehst, weil deine Vorlesungen so früh anfangen, aber deshalb kann ich doch nicht auf mein Sozialleben verzichten.	☐	☐
____ e	Also, ich wollte mal sagen, dass ich es nicht so gut finde, wenn du immer bis spät in die Nacht hier mit deinen Freunden so laut Party machst.	☐	☐
____ f	Ich habe aber ein Problem mit eurer Lautstärke, weil ich einfach nicht schlafen kann.	☐	☐

b Machen Sie zwei Lösungsvorschläge und benutzen Sie dazu die Redemittel im Lehrbuch in Modul 4.

Modul 1

8a Finden Sie fünf Konnektoren, die einen Gegensatz anführen, und fünf Konnektoren, die eine Folge ausdrücken, und ordnen Sie zu.

A	L	D	E	A	T	F	E	I	S	O	D	H	K	J	E	U
F	T	D	E	N	N	O	C	H	I	T	E	T	F	N	B	R
V	R	Y	O	D	O	L	E	W	I	T	M	E	R	E	E	D
F	O	C	M	E	C	G	U	U	R	T	G	S	O	X	L	B
O	C	B	L	R	K	L	C	J	K	D	E	M	N	A	C	H
Z	K	G	S	N	E	I	R	S	D	A	G	E	G	E	N	R
U	E	Z	U	F	N	C	E	D	E	R	E	C	H	L	A	G
X	S	W	W	A	H	H	G	M	Y	H	N	I	S	K	L	N
G	O	I	M	L	O	P	Q	R	D	T	U	U	V	E	U	V
I	N	F	O	L	G	E	D	E	S	S	E	N	G	W	V	T
T	S	X	H	S	O	M	I	T	N	L	B	I	T	F	S	E
K	T	S	T	A	T	T	D	E	S	S	E	N	G	R	J	B
O	H	J	I	N	R	O	L	R	E	C	R	R	N	X	A	U

ä = ae, ö = oe, ü = ue, ß = ss

Gegensatz:

1. _____
2. _____
3. _____
4. _____
5. _____

Folge:

1. _____
2. _____
3. _____
4. _____
5. _____

b Ergänzen Sie die Regel.

Die Konnektoren aus 8a. verbinden immer zwei (1) _____ und stehen in Position

(2) _____ oder (3) _____. In Position (4) _____ steht immer

das (5) _____.

c Welche Konnektoren aus 8a drücken eine negative Folge oder Konsequenz aus?

1. _____   2. _____

d Gedanken über die Zeit. Negative Folgen oder nicht? Was stimmt? Kreuzen Sie an.

1. In Europa wird die Zeit auf andere Weise wahrgenommen als beispielsweise in Afrika, [a] folglich [b] sonst muss es doch kulturelle Unterschiede beim Zeitempfinden geben.

2. Auch bei den Altersgruppen gibt es Unterschiede beim Zeitempfinden, [a] folglich [b] sonst würden nicht die meisten älteren Menschen behaupten, dass die Zeit so schnell vergehe.

3. Wenn man unter Zeitdruck arbeitet, kann das negative Folgen haben, [a] folglich [b] sonst wäre es doch besser, sich mehr Zeit zu nehmen.

4. Aber offensichtlich brauchen wir in der modernen Gesellschaft den Zeitdruck, [a] folglich [b] sonst würden wir möglicherweise Langeweile empfinden.

5. „Zeit ist Geld", sagt ein Sprichwort, [a] folglich [b] sonst hat der Zeitbegriff offensichtlich auch etwas mit einer bestimmten Wirtschaftsordnung zu tun.

6. Es gibt Bewegung, [a] folglich [b] sonst existiert auch die Zeit.

Grammatik

e Arbeit und Freizeit. Folge oder Gegensatz? Eine Künstlerin berichtet. Verbinden Sie die Sätze mit den Konnektoren aus 8a. Manchmal gibt es mehrere Möglichkeiten.

Vor knapp einem Jahr habe ich das gute Jobangebot einer internationalen Firma ausgeschlagen,

(1) _____ habe ich mich entschieden, selbstständig zu arbeiten. Meine Arbeit findet große

Anerkennung, (2) _____ habe ich viele Aufträge. Viele Kolleginnen und Kollegen müssen

um Anerkennung kämpfen, (3) _____ habe ich mir schon sehr früh meinen Platz auf dem

Markt erobert. Natürlich bekomme ich manchmal mehrere Aufträge gleichzeitig, (4) _____

habe ich keine festen Arbeitszeiten. Leider zahlen meine Auftraggeber nicht immer pünktlich,

(5) _____ muss ich sowohl meine Zeit als auch meine Finanzen gut verwalten.

(6) _____ habe ich natürlich auch Phasen, in denen ich viel Freizeit habe. Aber auch dann

gönne ich mir meistens keine Auszeit, (7) _____ versuche ich, mich beruflich weiterzuent-

wickeln. Ich bin ja wegen meiner Kunst viel unterwegs, (8) _____ macht es mir nichts aus,

meine Freizeit im Atelier zu verbringen.

9a Konditionale Konnektoren. Ergänzen Sie die Regel mit den Wörtern aus dem Kasten.

Aussage	Bedingung	Hauptsätze	einschränken	Nebensatz

Es sei denn und *außer wenn* (1) _____ die vorangehende (2) _____ des Hauptsatzes

_____, indem sie eine (3) _____ stellen; *außer wenn* leitet einen (4) _____

ein, *es sei denn* verbindet zwei (5) _____.

b Die hohe Kunst der Langeweile. Was passt? Kreuzen Sie an.

Das Wort Langeweile hat in unserer Gesellschaft einen eher negati-
ven Beigeschmack, (1) [a] andernfalls [b] es sei denn [c] sonst man
hat schon ihre wirkliche Bedeutung entdeckt. Das ist nicht leicht,
denn ständig müssen wir mit etwas beschäftig sein, (2) [a] andernfalls [b] folglich [c] demnach werden wir des Müßiggangs bezich-
tigt. Zum Glück haben wir unsere Mobiltelefone immer dabei,
(3) [a] außer wenn [b] folglich [c] sonst haben wir auch immer
etwas zu tun: Mails checken, surfen, zocken … „Ich habe immer
etwas zu tun, (4) [a] es sei denn [b] sonst [c] somit bin ich wichtig
und ein erfüllter Mensch", so scheint die Devise. (5) [a] Andernfalls
[b] Demnach [c] Es sei denn, mein Akku ist leer. Dann überfällt sie
mich die quälende Langeweile, (6) [a] außer wenn [b] demnach [c] sonst ich vielleicht zufällig eine Zeitschrift oder mein Tablet dabei habe. Aber manchmal sollten wir in unserem blinden Aktionismus innehal-
ten, (7) [a] außer wenn [b] folglich [c] sonst verlieren wir den Kontakt zu uns und zu unseren Gefühlen. Ich
habe die Langeweile für mich wiederentdeckt und (8) [a] außer wenn [b] somit [c] sonst auch die kreative
Kraft, die in ihr steckt. Und irgendetwas Positives muss das süße Nichtstun ja haben, (9) [a] außer wenn
[b] somit [c] sonst hätten nicht schon die alten Römer das Motto des „dolce far niente" erfunden.

Modul 3+4 **10a Trennbare und untrennbare Verben. Finden Sie zwanzig Verben in der Wortschlange, übernehmen Sie die Tabelle in Ihr Heft und ordnen Sie die Verben in die Tabelle ein.**

auftretenbehebendurchfahrendurchlesendurchlebenentdeckenfeststellengefallenhinweisenmitnehmen nachholenübersetzenübergebenumbauenumstellenumzäunenunterbringenunterhaltenwiderspiegelnwiderstehen

trennbar	untrennbar	trennbar und untrennbar

b Welche Vorsilben aus 10a sind sowohl trennbar als auch untrennbar?

c Ferien auf der Insel. Schreiben Sie die Sätze in Ihr Heft und achten Sie dabei auf die Zeitangabe. Markieren Sie dann, in welchem Satz das Verb eher eine *konkrete, wörtliche Bedeutung* (k) oder eher eine *abstrakte, bildhafte Bedeutung* (a) hat?

____ 0. (Imperativ) nicht widersprechen – bei der Urlaubsplanung – mir – immer – du

____ 1. (Passiv Präteritum) die Verkehrsteilnehmer – bitten – die Unfallstelle – umfahren

____ 2. (Plusquamperfekt) unser Nachbar – gestern Nacht – den Fahrradständer – umfahren

____ 3. (Perfekt) auf der Reise – ich – die Urlaubsbroschüre – ins Deutsche – übersetzen

____ 4. (Perfekt) dann – mit einer Fähre – auf eine kleine norwegische Insel – übersetzen

____ 5. (Perfekt) trotz des Sturms – die Fähre – ohne Probleme – durchfahren

____ 6. (Perfekt) beim Anblick der baufälligen Hütte – mich – ein Schreck – durchfahren

 k *0. Widersprich mir doch bei der Urlaubsplanung nicht immer!*

11 Ferien auf der Hütte. Ein Beschwerdebrief. Setzen Sie die Wörter in der richtigen Form ein. Achten Sie auch auf den Infinitiv + *zu*.

Sehr geehrter Herr Krageroy,

wir schreiben Ihnen, um Ihnen (1, mitteilen) _____, dass die von uns in der Ferien-hütte (2, feststellen) _____ Mängel leider noch nicht (3, beseitigen) _____ worden sind. Wie haben Sie z. B. mehrmals darauf (4, hinweisen) _____, dass es wegen der Dachschäden unmöglich ist, sich bei Regen auf der Veranda (5, unterstellen) _____. Wir haben nicht die Absicht, Ihnen mangelndes Interesse (6, unterstellen) _____, aber obwohl wir uns mehrmals (7, unterhalten) _____ haben, haben Sie bisher nichts (8, unternehmen) _____, um die Schäden (9, beheben) _____. Wir bitten Sie höflichst, unserer Aufforderung in den nächsten Tagen (10, nachkommen) _____.

Mit freundlichen Grüßen,
Marek Slomka

12 Mein Text. Sie leben in einer WG und sind mit verschiedenen Dingen unzufrieden. Überlegen Sie sich zuerst Ihre Kritikpunkte und schreiben Sie dann eine informelle Mitteilung an Ihre Mitbewohner (ca. 80 Wörter). Die Redemittel im Lehrbuch helfen.

Test DaF

Leseverstehen (Lesetext 3, ca. 20 Min.)

Lesen Sie den Text „Die Zeit-Raffer" im Lehrbuch in Modul 3 und lösen Sie die Aufgaben. Markieren Sie die richtige Antwort.

	Ja	Nein	Text sagt dazu nichts	
(01) Der Stellenwert vom Computerspielen hat sich in den letzten Jahren gewandelt.	X			(01)
(02) Etwa jeder zweite Jugendliche in Deutschland spielt regelmäßig Computerspiele.			X	(02)
1. Das Scheitern von Privat- und Berufsleben ist eines der Kriterien für Computerspielsucht.				1
2. Je mehr Menschen Computerspiele spielen, desto größer wird die Zahl derer, die ein exzessives Spielverhalten aufweisen.				2
3. Es ist bekannt, wozu maßloses Spielen langfristig führen kann.				3
4. Der „doing mode" und der „being mode" stellen in der Verhaltenstherapie einen Gegensatz dar.				4
5. An der Universität Bonn wurde ein Experiment zur Erforschung des Smartphone-Gebrauchs und seiner Folgen durchgeführt.				5
6. Mithilfe des Experiments wurden Möglichkeiten gefunden, Depressionen frühzeitig zu erkennen.				6
7. Der Begriff *Mobiltelefon* spiegelt die übliche Nutzung dieses Gerätes wider.				7
8. Das häufige Aktivieren des Handys deutet auf die Unaufmerksamkeit seines Nutzers.				8
9. Das Problem, dass wir uns ständig unterbrechen lassen, ließe sich mit neuen Kommunikationsnormen lösen.				9
10. Eine App zur Zeitkontrolle könnte helfen, unseren Smartphone-Konsum zu reduzieren.				10

Test DaF 2–3

Mündlicher Ausdruck (Aufgabe 1)

Das Studentenwerk Ihrer Hochschule vermittelt Zimmer in Wohngemeinschaften. Sie interessieren sich für ein Zimmer und rufen beim Studentenwerk an.

- **Stellen Sie sich vor.**
- **Sagen Sie, warum Sie anrufen.**
- **Erkundigen Sie sich nach Einzelheiten zum Zimmerangebot.**

| 30 Sekunden | ... | 30 Sekunden |

Sie:
Vorbereitungszeit

Frau Wagner:

Sie:
Sprechzeit

Mündlicher Ausdruck (Aufgabe 2)

Sie unterhalten sich mit anderen Studierenden aus Ihrem Seminar über Computer als Lernmedium. Ihr Mitstudent David erzählt Ihnen, dass an deutschen Schulen und Universitäten oft mit dem Computer gelernt wird. Er fragt Sie, wie es in Ihrem Heimatland ist.

Beschreiben Sie,
- **ob und wie oft an Schulen und Universitäten Ihres Heimatlandes Computer als Lernmedium eingesetzt werden,**
- **was man alles dort am Computer lernt,**
- **welche anderen Medien außer dem Computer dort noch benutzt werden.**

Sie:
Vorbereitungszeit

David:

Sie:
Sprechzeit

Mündlicher Ausdruck (Aufgabe 7)

Ihr Studienfreund Pavel möchte seine Freizeit sinnvoll gestalten. Ihm würde gefallen sowohl Volleyball als auch Theater zu spielen. Weil aber beides Zeit und Geld kostet, muss er sich für eine Aktivität entscheiden.

- **Sagen Sie Pavel, wie Sie sich an seiner Stelle entscheiden würden.**
- **Begründen Sie Ihre Meinung.**

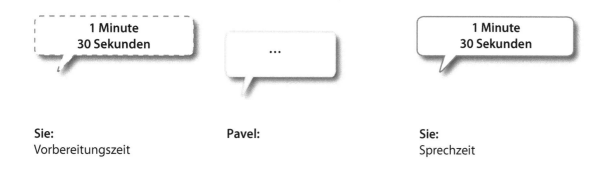

Sie:
Vorbereitungszeit

Pavel:

Sie:
Sprechzeit

Hast du Worte?

Auftakt **1a Nicht viele Worte machen. Ergänzen Sie die Ausdrücke mit den Wörtern aus dem Kasten.**

fehlen	gewandt	kommen	melden	nehmen	verlieren	wortlos	wortwörtlich

1. kein Wort über etwas _____

2. jemanden beim Wort _____

3. zu Wort _____

4. wort_____ sein

5. sich zu Wort _____

6. jemandem _____ die Worte

7. etwas _____ wiedergeben

8. etwas _____ hinnehmen

b Welche Erklärung passt zu den Redewendungen? Ergänzen Sie die entsprechende Nummer aus 1a.

____ a etwas genau dem Wortlaut entsprechend
          wiederholen

____ b endlich etwas sagen können

____ c jemand ist sprachlos

____ d ein Thema nicht ansprechen

____ e keinen Widerspruch einlegen

____ f ein brillanter Redner sein

____ g etwas sagen wollen

____ h die Aussage von jemandem sehr ernst
          nehmen

2a Hast du Töne? Welche Verben passen zu welchen Lauten? Ordnen Sie zu.

flüstern	kreischen	labern	lachen	meckern	staunen

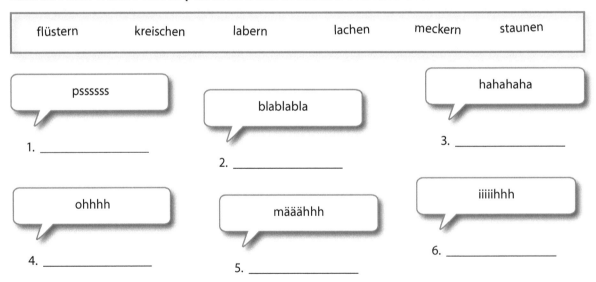

pssssss

1. _____

blablabla

2. _____

hahahaha

3. _____

ohhhh

4. _____

määähhh

5. _____

iiiiihhh

6. _____

b Verben des Sprechens. Welches Verb passt? Kreuzen Sie an.

Während der Mittagspause stecken meine Kolleginnen oft
(1) ⎡a⎤ brüllend ⎡b⎤ flüsternd die Köpfe zusammen und
(2) ⎡a⎤ versprechen ⎡b⎤ schwatzen. Dann habe ich oft das Gefühl,
dass sie über mich (3) ⎡a⎤ begründen ⎡b⎤ lästern. Aber vielleicht
(4) ⎡a⎤ plaudern ⎡b⎤ referieren sie auch nur wieder über den Chef.
Wenn ich sie danach (5) ⎡a⎤ einwerfe ⎡b⎤ frage, (6) ⎡a⎤ labern
⎡b⎤ versichern sie mir, dass sie sich nur über ihre Arbeit
(7) ⎡a⎤ beteuern ⎡b⎤ unterhalten.

Modul 1 **3** Wörter des sprachlichen Handelns. Welches Verb passt nicht in die Reihe? Streichen Sie durch.

1. appellieren – begründen – erklären – erläutern – untermauern
2. beteuern – sprechen – versprechen – versichern – beschwören
3. betonen – hervorheben – bestätigen – unterstreichen – hinweisen
4. melden – berichten – bezweifeln – schildern – darlegen – erzählen
5. entgegnen – mitteilen – widersprechen – erwidern – einwenden
6. bestätigen – zustimmen – bezeugen – bezweifeln – bekräftigen
7. kommunizieren – mitteilen – bekanntgeben – informieren – meinen
8. denken – glauben – annehmen – sich äußern – der Ansicht sein

Modul 2 **4** Verbalattacke oder Abwehrstrategie? Welche Ausdrücke passen? Ordnen Sie die Ausdrücke aus dem Kasten zu.

angreifen   belästigen   beleidigen   brüskieren   die Defensive verlassen   erniedrigen   gleichgültig tun   ignorieren   ironisieren   jemanden herunterputzen   kontern   kränken   lästern   ins Leere laufen lassen   locker bleiben   kontern   parieren   provozieren   schlagfertig sein   schikanieren   sich entschuldigen   verleumden   verletzen   verwirren   überraschen   zustimmen

Verbal attackieren	Contra geben

Modul 4 **5** Sag das mal anders! Welche Ausdrücke haben eine ähnliche Bedeutung? Ordnen Sie zu.

1. ____ etwas auf der Zunge tragen
2. ____ verpönt sein
3. ____ mit etwas aufwachsen
4. ____ Platt reden
5. ____ nicht gut ankommen
6. ____ imponieren
7. ____ fördern
8. ____ hoch angesehen sein
9. ____ etwas in Erinnerung haben

a seit der Kindheit kennen
b etwas ist nicht geduldet
c etwas offen aussprechen
d großen Eindruck machen
e norddeutschen Dialekt sprechen
f Anerkennung genießen
g gegenwärtig sein
h wenig Anklang finden
j unterstützen, befürworten

Redemittel

6 **Schlagfertigkeitstraining. Lesen Sie die Antwort und überlegen Sie, welche Strategie aus dem Lehrbuch verwendet wird. Schreiben Sie dann eigene Reaktionen auf die Bemerkung des Chefs und verwenden Sie andere Strategien.**

○ Schön, dass Sie auch endlich zum Meeting erschienen sind.

● Waren Sie etwa ausnahmsweise mal pünktlich? (_____)

_____

_____

7 **Wie wichtig ist die Muttersprache? Ergänzen Sie die fehlenden Redemittel.**

○ Da ich schon als Kind nach Deutschland gekommen bin, habe ich relativ schnell Deutsch gelernt. Meiner

(1) A_____ nach ist das ungeheuer wichtig. Dazu kann ich folgenden (2) G_____

anführen, nämlich dass Sprache ein wesentlicher Integrationsfaktor ist.

● Dem kann ich nur (3) t_____ z_____, denn ich bin der (4) M_____, dass alle

Menschen ein Recht darauf haben, ihre Muttersprache zu pflegen und zu lernen, so wie das

(5) b_____ in Schweden gehandhabt wird, wo Migrantenkinder auch Unterricht in ihrer Mutter-

sprache bekommen.

○ Dem kann ich mich nur (6) a_____, denn das wäre die idealste Lösung. Aber (7) d_____

kann man e_____, dass das aus Kostengründen nicht umsetzbar ist.

● Das (8) ü_____ mich nicht, denn für mich (9) s_____ fest, dass auch die Muttersprache

und die Herkunftskultur eines Menschen wertgeschätzt werden müssen, um Identitätsverlust zu ver-

meiden. Als (10) B_____ dafür kann ich meinen Großvater (11) a_____, der in seinem

Heimatland seine Muttersprache nicht in der Öffentlichkeit sprechen durfte und hier als junger Mann

dann Deutsch lernen musste.

○ Ich kann nicht (12) n_____, warum das so sein muss, denn ich bin der (13) f_____

Ü_____, dass ein Mensch mehrere Muttersprachen haben kann und die Zukunft in der Mehr-

sprachigkeit liegt.

● Da muss ich dir natürlich (14) v_____ r_____ geben!

8 **Ein Leserbrief. Welche Sätze passen zu welchem Teil und zu welcher inhaltlichen Beschreibung eines Leserbriefes? Ordnen Sie zu.**

1. ____ ____ Anrede

2. ____ ____ Einleitung

3. ____ ____ Hauptteil

4. ____ ____ Schluss

5. ____ ____ Grußformel

a Ich, als ... kann aus Erfahrung ... Als Folge ...

b Sehr geehrte Redaktion, ...

c In Ihrem Beitrag vom ...

d Mit freundlichen Grüßen ...

e Abschließend möchte ich noch ...

A Bezugnahme zum Artikel

B Zusammenfassung/Ausblick/ Forderung

C Ansprechen des Autors / der Redaktion

D Darstellung der eigenen Meinung und Argumente

E Verabschieden

Modul 1 **9** **Redewiedergabe. Ergänzen Sie die Regel mit den Wörtern aus dem Kasten.**

Äußerungen	Dativ	Indikativ	Konjunktiv I	Konjunktiv II	*laut*	mündliche *nach*
nachgestellt	Nachrichten	Nebensätze	redeeinleitenden	schriftliche	vorgestellt *wie*	*zufolge*

Wenn wir (1) _____ oder (2) _____ sprachliche (3) _____ Dritter in

Texten, Zeitungen oder (4) _____ wiedergeben, dann haben wir folgende Möglichkeiten:

Wir leiten die Redewiedergabe mit präpositionalen Ausdrücken mit (5) _____ ein, wie z. B. mit:

(6) _____, (7) _____ oder (8) _____. *Laut* und *nach* sind

(9) _____, *zufolge* ist (10) _____. Außerdem können wir einleitende

(11) _____ mit (12) _____ verwenden. Eine andere Möglichkeit ist die Ver-

wendung von (13) _____ Verben plus Nebensatz. Die Zeitform im Nebensatz ist der

(14) _____. Stimmt der Konjunktiv I mit dem (15) _____ überein, dann benutzen

wir den (16) _____.

10 **Handysucht. Bilden Sie Sätze mit einem einleitenden Nebensatz mit wie oder mit präpositionalen Ausdrücken. Achten Sie dabei auf die Zeitform.**

1. Marktforscher – herausfinden – weltweit – Millionen Menschen – handysüchtig sein
2. Experten – Aussagen – die Zahl – Süchtige – in ein paar Jahren – sich verdoppeln
3. Studien – beweisen – vor allem – Teenager und Menschen mittleren Alters – betroffen sein
4. Ärzte – Meinung – Auswirkungen auf die körperliche und geistige Gesundheit – können – verheerend sein
5. viele Eltern – berichten – durch exzessive Handybenutzung – Leistungsstörungen – bei ihren Kindern – kommen zu
6. Untersuchungen – trotz ständiger Kommunikation – immer mehr – die Betroffenen – aus dem sozialen Leben – zurückziehen
7. Psychologen – Ansicht – erste Symptome – ernst nehmen – werden – sollen
8. Ratschlägen – Familientherapeuten – in den Familien – handyfreie Zeiten – festgelegt – sollen – werden

1. Wie Marktforscher herausgefunden haben, sind weltweit Millionen von Menschen handysüchtig.

11a **Wie wird der Konjunktiv I gebildet? Ergänzen Sie die Regel.**

Verbstamm + Endungen: _____. Ausnahme: _____

Grammatik

b Finden Sie vierzehn Verben in der Wortschlange und schreiben Sie dann die Zeitformen in die Tabelle.

bemühenbittenbleibenbereitengebenfordernwerdenfindenführenklingelnkönnenschaffensprechensein

Konjunktiv I 3. Pers.	Konjunktiv II 3. Pers	Konjunktiv I 3. Pers.	Konjunktiv II 3. Pers

12 Mein mediensüchtiger Freund. Ergänzen Sie die fehlenden Wörter und die angegebenen Verben in der richtigen Zeitform.

Lieber Ciwan,

ich habe einen Artikel gelesen, bei dem ich sofort an dich denken musste. Diesem Bericht

(1) _____ (2, geben) _____ es verschiedene Anzeichen, die auf einen zwanghaften

Handygebrauch hinweisen. (3) _____ der Autor schreibt, (4, können) _____ man

bei den Betroffenen bei jedem Klingelton des Handys einen erhöhten Adrenalinspiegel

(5, feststellen) _____. (6) _____ neuesten Informationen (7, einstellen)

_____ sich bei den Gefährdeten bei schlechtem Netzempfang eine starke Nervosität

_____. Weiterhin wird in dem Artikel darauf (8, hinweisen) _____, dass es sogar

zu starken Schweißausbrüchen (9, kommen) _____, wenn der Akku mal leer ist.

(10) _____ Experten meinen, (11, erkennen) _____ man Handysucht daran, dass

der Betroffene ständig auf das Display (12, starren) _____. Sozusagen zwanghaft

(13, müssen) _____ der Betroffene immer mit anderen in Kontakt stehen. Manche

(14, geben) _____ sogar ein halbes Vermögen für das Handy

aus, sagen die Experten. (15, sein) _____ das nicht genau

deine Symptome?

Viele Grüße, Marek

Andererseits (16, sollen)

_____ man,

dem Fachverband

Medienabhängigkeit

(17) _____,

nicht vorschnell von

Sucht sprechen.

LG, Ciwan

Modul 3 **13** Verben, Präpositionen, Nomen. Ergänzen Sie die Präpositionen zu den Verben und bilden Sie dann das entsprechende Nomen mit Artikel.

1. sich bemühen _____   _____
2. sich beschäftigen _____   _____
3. sich interessieren _____   _____
4. sich entscheiden _____   _____
5. (nach)denken _____   _____

6. sprechen _____   _____
7. teilnehmen _____   _____
8. zweifeln _____   _____
9. fragen _____   _____
10. helfen _____   _____

14a Die Kunst des Sprechens. Verbalisieren Sie die folgenden Ausdrücke.

1. der frühkindliche Erwerb der Muttersprache

   _____

2. die Wichtigkeit des Unbewussten beim Spracherwerb

   _____

3. das Spiel als Teil des Lernprozesses

   _____

4. die Förderung der Kommunikationsfähigkeit durch Kunst

   _____

5. die Erweiterung des Erfahrungshorizonts durch die Auseinandersetzung mit Kunst

   _____

6. die Berücksichtigung der emotionalen Aspekte von Sprache

   _____

b Sprache durch Kunst. Formulieren Sie die unterstrichenen Satzteile im Nominalstil.

1. Ich möchte zum Ausdruck bringen, dass ich mich darüber freue, dass ich an dem Projekt „Sprache durch Kunst" teilnehme und einen Workshop leite.
2. Sprache durch Kunst ist ein Kooperationsprojekt, bei dem Schüler, die in besonderer Weise sprachlich gefördert werden müssen, lernen, sich besser sprachlich auszudrücken, indem sie sich mit Kunst auseinandersetzen.
3. Dadurch, dass sie sich mit Kunstwerken beschäftigen, ist es ihnen möglich, sprachliche Kompetenzen auszubilden.
4. Damit sich die Schüler sprachlich entwickeln, ist es förderlich, dass sie zum Beispiel Gedichte verfassen oder Bildkompositionen in Klänge und Körpersprache umsetzen.

1. Ich möchte meine Freude über meine Teilnahme als Workshopleiterin an dem Projekt ... zum Ausdruck bringen.

15 Mein Text. Ein Freund / Eine Freundin hat Ihnen einen Brief geschrieben, in dem er/sie sich darüber beklagt, dass sein(e)/ihr(e) Partner/in fast die gesamte Freizeit mit dem Smartphone verbringt, was erhebliche Beziehungsprobleme mit sich bringt. Antworten Sie auf diesen Brief. Zeigen Sie Verständnis, sprechen Sie über Ihre eigene Erfahrung und geben Sie Tipps.

Prüfungstraining

Hörverstehen (Hörtext 1)

Sie stehen vor einem Hörsaal Ihrer Hochschule und hören ein Gespräch zwischen zwei Studierenden. Sie hören dieses Gespräch **einmal**.

Lesen Sie jetzt die Fragen 1–8.
Hören Sie nun den Text.
Schreiben Sie beim Hören die Antworten auf die Fragen 1–8. Notieren Sie Stichwörter.

Mobbing in der Schule

(0) Für welches Projekt hat sich Tobi beworben?

(0) (zum Thema) Mobbing in der Schule

1. Welche Studierenden haben an dem Projekt teilgenommen?

1. _____

2. Wo fand das Projekt statt?

2. _____

3. Welche Kinder werden gehänselt?

3. _____

4. Wobei sollte das Projekt den Kindern helfen?

4. _____

5. Von wem wurden die Studenten bei der Auswahl der Kinder unterstützt?

5. _____

6. Was haben die Kinder in erster Linie begriffen?

6. _____

7. Welche Möglichkeiten haben die Kinder zurzeit noch?

7. _____

8. Was sollen die Kinder im Alltag umsetzen?

8. _____

Ergänzen Sie jetzt Ihre Stichwörter.

DSH

Vorgabenorientierte Textproduktion

Schreiben Sie einen zusammenhängenden Text im Umfang von **ca. 250 Wörtern**. Denken Sie auch an eine Überschrift, an Überleitungen und einen Schluss. Zählen Sie bitte die Wörter und unterschreiben Sie Ihre Arbeit. Sie haben **70 Minuten** Zeit.

Müssen wir immer erreichbar sein?
Die ständige Erreichbarkeit dank neuen Kommunikationstechniken schafft zwar Flexibilität, sorgt bei Arbeitnehmern aber auch für Stress. Einerseits ist es für viele kaum vorstellbar, nicht permanent an den Rest der Welt angeschlossen zu sein und nicht ständig E-Mails abrufen oder die empfangenen SMS beantworten zu können, andererseits stellt dies eine enorme Belastung für die Betroffenen dar. Doch muss man als Erwerbstätiger wirklich rund um die Uhr erreichbar sein?

Beachten Sie folgende Gliederung und beziehen Sie sich in Ihrem Text auf die unten genannten Informationen.

Gliederung des Textes:

1. **Einleitung:** Allgemeine und grundlegende Informationen zum Thema „Ständige Erreichbarkeit"

2. **Hauptteil:** Kurze Darstellung zu den folgenden Leitpunkten
a) Eine repräsentative Umfrage des Bundesverbandes der Betriebskrankenkassen (BKK) zeigt, wie viele Berufstätige im Alter zwischen 18 und 65 Jahren außerhalb der regulären Arbeitszeit für berufliche Angelegenheiten erreichbar sind. Fassen Sie die erhobenen Daten kurz zusammen. Nutzen Sie dafür Grafik 1.
b) Pro- und Contra-Argumentation: Formulieren Sie je 1–2 Gründe für und gegen permanente Erreichbarkeit außerhalb der Arbeitszeit aus und stellen Sie sie gegenüber. Tabelle 1 hilft Ihnen bei der Argumentation. Sie können auch Ihre eigenen Argumente nutzen.

3. **Schluss:** Eigene Stellungnahme mit Ihrer persönlichen Meinung in Bezug auf die Erreichbarkeit außerhalb der Arbeitszeit und anschließende Zusammenfassung mit Blick auf die Frage „Müssen wir immer erreichbar sein?"

Grafik 1

Tabelle 1: Vor- und Nachteile ständiger Erreichbarkeit aus Sicht der Beschäftigten

Positive Auswirkungen, weil:	Negative Auswirkungen, weil:
Flexiblere Zeiteinteilung (örtlich und zeitlich)	Unterbrochene bzw. verkürzte oder sogar Wegfall von Erholungszeiten
Schnellere Hilfestellung bzw. Feedback von Kolleginnen und Kollegen	Fehlende Planbarkeit und Einschränkung bei der Freizeitgestaltung
Zugriff auf eigene Daten und anderweitige Informationen	Ständiger Unruhezustand, Stress, Schlafstörungen

An die Arbeit!

Auftakt **1** Komposita mit Arbeit. Suchen Sie die Wörter in der Wortschlange und tragen Sie diese in die Tabelle unten ein.

akkordamtbedingungenfähiggebergewerkschaftsintensivloskapazitätklima
marktmitnehmerplatzschichtschutzbestimmungenstelleteamverhältniszeit

Arbeit-	Arbeits-	arbeits-	-arbeit

2 Wieder an die Arbeit. Was passt nicht in die Reihe? Streichen Sie durch.

1. Arbeitssuche – Bestellung – Stellenangebot – Stellenanzeige
2. Betrieb – Firma – Niederlassung – Patent – Unternehmen
3. Artikel – Erzeugnis – Konsumgut – Produkt – Vertrag – Ware
4. Angestellte – Belegschaft – Betriebsangehörige – Nachlass – Personal
5. Bescheid – Bezahlung – Einkommen – Gehalt – Lohn – Verdienst
6. Abnehmer – Käufer – Kunde – Konsument – Verbraucher – Vorgesetzter

3 Arbeitswelten. Wie heißt das Wort? Notieren Sie.

Ballungszentrum	Betriebsrat	Einkommen	Gleitzeit	Globalisierung
Qualifikation		Reklamation		Streik

1. Internationalisierung und weltweite Vernetzung _____

2. Arbeitnehmervertretung in Betrieben _____

3. Modell zur Flexibilisierung der Arbeitszeit _____

4. Geld, das man durch Arbeit verdient _____

5. kollektive Arbeitsniederlegung als Mittel im Arbeitskampf _____

6. Beschwerde über ein gekauftes Produkt _____

7. Gebiet mit hoher Bevölkerungsdichte und vielen Betrieben _____

8. Nachweis der Befähigung für eine berufliche Tätigkeit _____

Modul 1 **4** **Eine perfekte Bewerbung. Was passt zusammen? Ordnen Sie zu.**

1. das aufmerksame Lesen
2. die sorgfältige Anfertigung
3. die genaue Beschreibung
4. ausführliche Angaben zu
5. eine konsequente Vermeidung

____ a Ihrer Bewerbung
____ b Ihrer Motivation
____ c nichtssagender Phrasen
____ d Ihres beruflichen Werdegangs
____ e der Stellenausschreibung

Modul 2 **5** **Ausbildung oder Studium? Das ist die Frage. Ergänzen Sie.**

| Arbeitskräfte | Ausbildungsberufen | Betrieb | Betrieb | Firmen | Gehalt | Geld |
| Job | nahe | Praxis | qualifizierte | Studium | Vorteile | Wahl | weiterführenden |

Die (1) _____ Zukunft bereitet vielen Schulabgängern Kopfzerbrechen. Ausbildung oder

(2) _____? Sie stehen vor der Qual der (3) _____. Kann man nach einer

Ausbildung wirklich einen guten (4) _____ finden? Und hat man dann auch ein gutes

(5) _____? Wählen kann man in Deutschland unter mehr als 300 (6) _____.

Die duale Ausbildung verbindet in optimaler Weise Theorie und (7) _____. Das hat

natürlich viele (8) _____. So lernt man schon früh die Arbeitsabläufe in einem

(9) _____ kennen und man verdient auch schon (10) _____. Und da

beruflich (11) _____ Arbeitskräfte sehr begehrt sind, bestehen gute Chancen, vom

(12) _____ übernommen zu werden. Denn die (13) _____ bilden aus,

weil sie (14) _____ brauchen. Außerdem kann man sich, wenn man will, in einem

(15)_____ Studium weiterbilden.

Modul 3 **6** **Sagen Sie es mit anderen Worten. Bringen Sie die Buchstaben in die richtige Reihenfolge und ordnen Sie dann die entsprechende Bedeutung zu.**

____ 1. Msuanktilitg   _____
____ 2. Gzchkliiteieeigt   _____
____ 3. Ztie vepmrelrepn   _____
____ 4. elinlehig whcperierdesn   _____
____ 5. zkurocmethmen mit   _____
____ 6. Fheelr aulgübsne   _____

a unnötig Zeit verlieren
b keine Probleme mit etwas haben
c verschiedene Aufgaben gleichzeitig erledigen
d ein Missgeschick beheben
e etwas einstimmig ablehnen
f wenn mehrere Dinge im gleichen Moment stattfinden

Modul 4 **7** **Soft Skills. Ergänzen Sie die Mindmap.**

-fähigkeit

Redemittel

8a Ein Bewerbungsschreiben. Ergänzen Sie die Sätze mit den Wörtern aus dem Kasten.

Abschluss	Anzeige	Arbeitgeber	auseinander	bewerbe
Bewerbungsgespräch	Jahresgehalt	persönlichen	Stellenangebot	Team

1. Als … setze ich mich schon seit einiger Zeit intensiv mit … _____.
2. Mögliche Rückfragen kann ich Ihnen gerne in einem _____ Gespräch beantworten.
3. Ansonsten freue ich mich über eine Einladung zu einem _____.
4. In Ihrer _____ vom …
5. Nach erfolgreichem _____ meines Studiums …
6. Ich weiß, dass ich bei Ihnen auf ein hochmotiviertes _____ treffen werde, …
7. Ich stelle mir ein _____ von … Euro vor.
8. Nachdem ich bei meinem aktuellen _____ fünf Jahre Führungserfahrung

   sammeln konnte, …
9. Ihr _____ bei …
10. Ich _____ mich mit großem Interesse um …

b Welche Sätze aus 8a gehören zu Einleitung, Berufserfahrung, Erwartungen an die Stelle oder zu Abschluss? Ordnen Sie zu.

Einleitung	Berufserfahrung	Erwartungen	Abschluss

9a Vorteile (+) oder Nachteile (–) nennen und abwägen. Ergänzen Sie die Ausdrücke mit passenden Wörtern entsprechend der Zeichen.

1. Insgesamt wiegen die Argumente (+) _____ / (–) _____ schwerer, deshalb …
2. In meinen Augen überwiegen die (+) _____ / (–) _____, deshalb …
3. Ein entscheidender (+) _____ / (–) _____ ist, dass ….
4. Aber man darf nicht vergessen, dass … (+) _____ / (–) _____ sein kann.
5. Die Tatsache, dass … spricht (+) _____ / (–) _____.
6. Ein weiterer Aspekt, der (+) _____ / (–) _____ spricht, ist …

b Schreiben Sie Sätze zum Thema „Auf jeden Fall studieren" mit den Ausdrücken aus 9a.

10a Etwas bewerten oder einschätzen. Ergänzen Sie die Redemittel.

Bei uns wird großen (1) _____ auf … gelegt. / Besonders (2) _____ ist … / (3) _____

sollte man … / … ist eher (4) _____. / … ist nicht von großer (5) _____.

b Soft Skills in der Hotelbranche. Benutzen Sie die Redemittel aus 10a und geben Sie Ihre Einschätzung ab.

gepflegtes Aussehen – gutes Benehmen – analytisches Denken – Durchsetzungsvermögen – Eigeninitiative – Entschlossenheit – Fremdsprachenkenntnisse – Kommunikationsfähigkeit

11a Subjekt- und Objektsätze. Was ist richtig (R) und was ist falsch (F)? Kreuzen Sie an.

	R	F
1. Subjekt- und Objektsätze sind Nebensätze.	☐	☐
2. Nur Objektsätze können zu *dass*-Sätzen erweitert werden.	☐	☐
3. Objektsätze übernehmen die Funktion des Objekts im Hauptsatz.	☐	☐
4. Subjektsätze beziehen sich immer auf ein unpersönliches Subjekt.	☐	☐
5. Anstelle eines *dass*-Satzes kann man manchmal auch einen Infinitivsatz mit *zu* bilden.	☐	☐

b Bewerbungsunterlagen. Unterstreichen Sie im nachfolgenden Text die Subjekt- und Objektsätze. Markieren Sie die *Subjektsätze* (S), die *Objektsätze* (O).

(1. ____) Ich hätte nie gedacht, dass eine durchdachte Bewerbung so wichtig ist. (2. ____) Denn wer im Bewerbungsschreiben den kleinsten Fehler macht, riskiert eine Ablehnung. (3. ____) Dass Bewerbungsschreiben so wichtig für den ersten Eindruck sind, macht mir natürlich ein wenig Angst. (4. ____) Denn ich bin mir jetzt bewusst, dass das weitreichende Konsequenzen haben kann. (5. ____) So sollte man im Bewerbungsschreiben auf keinen Fall wiederholen, was ohnehin aus dem Lebenslauf hervorgeht. (6. ____) Und viele Personalchefs legen Wert darauf, dass man auch auf seine Soft Skills hinweist. (7. ____) Am besten bittet man jemanden mit Erfahrung darum, dass er/sie beim Erstellen der Bewerbungsunterlagen behilflich ist. (8. ____) Wer zum Vorstellungsgespräch eingeladen werden will, muss seine Bewerbung sorgfältig planen.

c Berufswunsch: Mediengestalter. Formulieren Sie die Sätze in *dass*-Sätze um. Handelt es sich um *Subjektsätze* (S) oder *Objektsätze* (O)? Schreiben Sie den entsprechenden Buchstaben in die Klammern.

1. Schon früh wurde mein künstlerisches Talent erkannt.

   _____ (___)

2. Meiner Familie bin ich für die Förderung meines Talents sehr dankbar.

   _____ (___)

3. Schon als Jugendlicher entschied ich mich für eine Ausbildung als Mediengestalter.

   _____ (___)

4. Die Kreativität dieses Berufs hat mich immer schon gereizt.

   _____ (___)

5. Auch die vielfältigen zukünftigen Einsatzmöglichkeiten machen diesen Beruf sehr attraktiv.

   _____ (___)

Grammatik

12a Ratschläge für ein erfolgreiches Bewerbungsgespräch. Nach welchen Ausdrücken kann ein Infinitiv mit *zu* folgen? Ergänzen Sie die Ratschläge und setzen Sie, wenn nötig, ein Komma.

1. Du solltest darauf achten _____

    _____

    (höflich – und – laut – deutlich – und – sprechen – sein)

2. Ich würde auf jeden Fall vermeiden _____

    _____

    (zurückgreifen – Standardantworten – Floskeln – und – auf)

3. Es ist ratsam _____

    _____

    (Distanz – wahren – nicht – zu distanziert – auftreten – aber)

4. Ich kann dir nur empfehlen _____

    (auch – dein Gegenüber – ansprechen – Namen – mit – Titel – natürlich)

5. Du solltest auf jeden Fall _____

    (dein Outfit – auf – achten – Auftreten – selbstsicher – nicht – arrogant – aber – und)

6. An deiner Stelle würde ich _____

    (vorbereiten – kluge Fragen – überlegen – vorher – schon – auf – mir – das Gespräch – und – mich)

b Formulieren Sie die folgenden Sätze in Infinitivsätze oder, wenn das nicht möglich ist, in *dass*-Sätze um.

1. Achten Sie auf ein selbstsicheres Auftreten. _____

2. Meine Empfehlung: Immer bei der Wahrheit bleiben und keine Märchen erzählen!

    _____

3. Ganz wichtig: Stellen Sie sich als den idealen Bewerber für die erwünschte Stelle dar.

    _____

4. Bitte nicht vergessen: Erwähnen Sie auch Ihre sozialen Kompetenzen.

    _____

5. Weisen Sie natürlich auch auf Ihre umfangreiche Berufserfahrung hin.

    _____

6. Eins ist ganz klar: Der erste Eindruck ist der wichtigste.

    _____

Modul 3   **13a Weiterführende Nebensätze. Beantworten Sie die folgenden Fragen.**

1. Sind weiterführende Nebensätze in die Satzgliedstruktur des Hauptsatzes eingebettet? _____

2. Worauf beziehen sich weiterführende Nebensätze? _____

3. Welche Funktion haben sie? _____

4. Wo müssen sie stehen? _____

5. Womit werden Sie eingeleitet? _____

b Multitasking hat auch Vorteile. Bilden Sie weiterführende Nebensätze.

1. Manche Menschen sind es gewohnt, verschiedene Informationen gleichzeitig aufzunehmen. Deshalb können sie komplexe Aufgaben besser lösen.
2. Manche Aufgaben verlangen gleichzeitiges Hören und Sehen. Das kann man durch Computerspiele, Musik und Internetsurfen schulen.
3. Oft ist es wichtig, verschiedene Informationen miteinander zu verbinden. Das kann durch die häufige Nutzung von verschiedenen Informationskanälen gefördert werden.
4. Beim Multitasking kann man zwischen verschiedenen Aufgaben hin und her wechseln. Deshalb gewinnt man eine gewisse Freiheit beim Zeitmanagement.
5. Zeit ist längst keine klare Linie mehr. Deshalb muss sich der moderne Mensch auf verschiedenen Handlungssträngen gleichzeitig bewegen.
6. Viele alltägliche Dinge beinhalten Multitasking. Das merkt man beispielsweise alleine schon beim Autofahren.

1. Manche Menschen sind es gewohnt, verschiedene Informationen gleichzeitig aufzunehmen, weshalb sie komplexe Aufgaben besser lösen können.

14a Welche Präpositionen passen zu den folgenden Ausdrücken? Ordnen Sie zu.

_____ 1. sich beschweren	_____ 4. erkennen	a an	d für
_____ 2. sich einig sein	_____ 5. sich konzentrieren	b auf	e über
_____ 3. beispielhaft sein	_____ 6. betroffen sein	c bei	f von

b Multitasking. Überwiegen die Nachteile? Ergänzen Sie die Sätze.

Multitasking ist etwas, (1) _worüber_ sich längst nicht mehr nur Führungskräfte beschweren,

sondern (2) _____ mittlerweile die meisten Arbeitnehmer in allen Branchen betroffen sind.

In vielen Fällen aber überfordert das Multitasking unser Gehirn, (3) _____ zu einem erhöhten

Stresspegel führt. Das wiederum sei der Grund, (4) _____ es beim Multitasking zu einer

hohen Fehlerquote komme. Diese Fehler wieder auszubügeln brauche allerdings sehr viel Zeit,

(5) _____ man erkennt, dass Multitasking nicht unbedingt hält, (6) _____ es

verspricht. In vielen Fällen überwiegen die Nachteile, (7) _____ sich vor allem Gesundheits-

experten einig sind. Viele Menschen unterliegen einer ständigen Informationsflut, (8) _____ zu

permanenter Ablenkung führt und zur Folge hat, dass sie das aus dem Auge verlieren, (9) _____

sie sich eigentlich konzentrieren sollten. Multitasking könne sogar zu lebensgefährlichen Situationen füh-

ren, (10) _____ telefonierende Autofahrer das beste Beispiel seien. Unser Gehirn nimmt zwar

unbewusst vieles gleichzeitig wahr, ist aber nicht in der Lage, viele Aufgaben gleichzeitig zu erledigen,

(11) _____ es wichtig sei, Prioritäten zu setzen, (12) _____ viele von uns inzwischen

verlernt hätten.

15 Mein Text: Schreiben Sie einen Leserbrief zum Thema: „Sind die Studienzeiten an der Universität zu lang?" Gehen Sie auf die Situation in Ihrem Heimatland und Ihre persönlichen Erfahrungen ein. Nennen Sie Argumente für oder gegen kürzere Studienzeiten und schreiben Sie auch Ihre eigene Meinung.

Leseverstehen (Lesetext 2, ca. 20 Min.)

Lesen Sie den Text „Schön der Reihe nach statt Multitasking" im Lehrbuch in Modul 3 und lösen Sie die Aufgaben.

Markieren Sie die richtige Antwort (A, B oder C).

(0) Tests zeigen, dass viele Unfälle vermieden werden könnten, wenn die Beteiligten

Lösung B
A schneller reagieren würden.
B nicht unaufmerksam wären.
C Freisprechanlagen verwenden würden.

1. Multitasking ist

A die Ausführung mehrerer Tätigkeiten zur gleichen Zeit.
B eine Maßnahme zur Bewältigung von Dauerstress.
C ein für produktives Arbeiten bewährtes Rezept.

2. Experten sind sich darüber einig, dass durch Multitasking

A Fehler berichtigt werden können.
B die Erinnerungsfähigkeit verbessert werden kann.
C kostbare Zeit verloren geht.

3. Im zweiten Schritt eines Experiments sollten die Versuchspersonen

A Informationen akustisch wahrnehmen.
B Vergleiche anstellen.
C Informationen akustisch wahrnehmen und Vergleiche anstellen.

4. Bei der Bewältigung der ersten Aufgabe des Experiments waren die Spracherkennungsareale des Gehirns

A nicht einmal halb so aktiv wie bei der zweiten Aufgabe.
B mehr als doppelt so aktiv wie bei der zweiten Aufgabe.
C genauso aktiv wie bei der zweiten Aufgabe.

5. Um auf einen Fußgänger reagieren zu können, achtet ein telefonierender Autofahrer

A sowohl auf das Gespräch als auch auf den Gegenverkehr.
B weder auf das Gespräch noch auf den Gegenverkehr.
C entweder auf das Gespräch oder auf den Gegenverkehr.

6. Eine Voraussetzung für die richtige und schnelle Reaktion auf zwei verschiedene Stimuli ist, dass sie

A unmittelbar nacheinander wahrgenommen werden.
B zeitgleich präsentiert werden.
C zeitversetzt dargeboten werden.

7. Entscheidungsverzögerungen erklärt man mit

A der Intensität, mit der Handlungsanweisungen unser Gehirn erreichen.
B der geringen Zahl von Hirnregionen, die für Entscheidungen zuständig sind.
C dem flaschenhalsartigen Aufbau des Gehirns.

8. Es ist ein Irrglaube, dass im Multitasking

A gute Ergebnisse erzielt werden.
B zwischen unterschiedlichen Tätigkeiten schnell gewechselt wird.
C Schnelle besser sind als Intelligente.

9. Viele Neuerungen würden entstehen, wenn man

A nicht so viel Geld verschwenden würde.
B eine gewisse Zeitspanne am Tag durchgehend arbeiten würde.
C Arbeiten nicht ununterbrochen aufschieben würde.

10. Die Hauptaussage des Textes ist:

A Multitasking am Arbeitsplatz trägt zur Steigerung der Produktivität bei.
B Experimente belegen die Erlernbarkeit von Multitasking.
C Der Mensch ist nicht in der Lage, mehrere Aufgaben auf einmal zu bearbeiten.

Mündlicher Ausdruck (Aufgabe 5)

Ihr Freund Georg hat erfolgreich im Bereich Wirtschaft promoviert und den Doktortitel erhalten. Völlig unerwartet erhält er ein attraktives Jobangebot bei einer der größten Firmen der Region. Ursprünglich wollte Georg die Juniorprofessur an seiner Universität antreten und eine Hochschulkarriere machen. Georg fragt Sie, ob er den Job in der freien Wirtschaft oder im öffentlichen Dienst annehmen soll.

Sagen Sie Georg, wozu Sie ihm raten:
- **Wägen Sie Vorteile und Nachteile ab.**
- **Begründen Sie Ihre Meinung.**

2 Minuten	...	1 Minute 30 Sek.
Sie: Vorbereitungszeit	**Georg:**	**Sie:** Sprechzeit

Wirtschaftsgipfel

Auftakt **1** **Welche Wörter passen zu A Bank, B Börse oder C Industrie? Ordnen Sie zu und ergänzen Sie den Artikel.**

Aktionär	Anleihe	bargeldlos	Dauerauftrag	Devisen	Investmentfond	Kredit
Saldo	Schlusskurs	Spekulation	Stagnation	Standort	Stellenabbau	
Strukturwandel		Umsatz	Unternehmen	Wechsel	Zahlungsmittel	

A   B   C

_____   _____   _____

_____   _____   _____

_____   _____   _____

_____   _____   _____

_____   _____   _____

_____   _____   _____

2 **Definieren Sie den Begriff „Globalisierung" mit eigenen Worten.**

_____

_____

_____

3 **Wirtschaftsgipfel. Ordnen Sie die Buchstaben und Sie erhalten acht Komposita mit „Wirtschaft".**

1. parivt
8. setysm
7. uenhenertnm
2. bteseirb

-wirtschaft/
Wirtschafts-

3. atoolumbi
6. aeomnbmk
4. fzanni
5. gfpiel

1. _____   3. _____   5. _____   7. _____

2. _____   4. _____   6. _____   8. _____

Modul 1 **4** **Das Ruhrgebiet. Welches Wort passt: a, b oder c?**

Seit der __(1)__ der Steinkohle hat das Ruhrgebiet, auch __(2)__ genannt, eine rasante __(3)__ genommen. Mit über fünf Millionen __(4)__ ist der Pott die bevölkerungsreichste __(5)__ Deutschlands. Die vielen Städte sind zu einem __(6)__ zusammengewachsen. Doch die Region, in der noch in der Nachkriegszeit der __(7)__ eine zentrale Rolle innehatte, wurde bereits Ende der Fünfzigerjahre stark vom Beginn der __(8)__ betroffen. Der wirtschaftliche __(9)__ begann. Durch Öl und Erdgas gingen wichtige Teile des __(10)__ verloren. Mit der Kohlekrise setzte der wirtschaftliche __(11)__ des Ruhrgebiets ein. Die Rohstoffverarbeitungsindustrie verlor an __(12)__, stattdessen wurden viele neue __(13)__ im __(14)__ geschaffen. Mit dem Ausbau dieses Bereichs begann auch ein bildungspolitischer und __(15)__ Wandel. Heutzutage werden die restaurierten __(16)__ kulturell genutzt und sind touristische Highlights geworden.

1. a Entdeckung
   b Erfindung
   c Schöpfung

2. a Kohle
   b Kohlenpott
   c Kohlenstaub

3. a Entwicklung
   b Fahrt
   c Veränderung

4. a Dienstleistungen
   b Einwohnern
   c Höhepunkten

5. a Gebiet
   b Region
   c Stadt

6. a Ballungszentrum
   b Land
   c Metropole

7. a Aufschwung
   b Bergbau
   c Handel

8. a Bundesbahn
   b Kohlekrise
   c Nachfrage

9. a Absatz
   b Abschwung
   c Aufstieg

10. a Abnehmers
    b Absatzmarktes
    c Anteils

11. a Wandel
    b Wechsel
    c Wohlstand

12. a Bedeutung
    b Kraft
    c Macht

13. a Anstellungen
    b Arbeitsplätze
    c Beschäftigte

14 a Dienstleistungssektor
   b Handel
   c Wiederaufbau

15. a kommunaler
    b kultureller
    c kurzer

16 a Bereiche
   b Lagerstätten
   c Industriedenkmäler

Modul 2 **5** **„Ein reines Gewissen ist ein sanftes Ruhekissen." Ergänzen Sie die Redewendungen mit den Wörtern aus dem Kasten und ordnen Sie dann die jeweilige Bedeutung zu.**

bissen	Gewissen	gewissenhaft	reden	schlechtes	vereinbaren

1. ____ etwas auf dem _____ haben

2. ____ jemandem ins Gewissen _____

3. ____ ein _____ Gewissen haben

4. ____ etwas _____ erledigen

5. ____ etwas mit seinem Gewissen _____ können

6. ____ von Gewissens_____ geplagt werden

a sich seiner Schuld bewusst sein
b jemanden auf moralische Art und Weise kritisieren
c für etwas Unrechtmäßiges verantwortlich sein
d keine moralischen Bedenken haben
e unter Schuldgefühlen leiden
f mit großer Sorgfalt vorgehen

Modul 4 **6** **Wer hat so viel Geld. Finden Sie acht Wörter zum Thema „Finanzen" in der Wortschlange und übersetzen Sie diese in Ihre Muttersprache.**

DARLEHENFREMDKAPITALKREDITBEDINGUNGENKREDITWÜRDIGKEIT
MINDESTKAPITALMENGETILGUNGSMÖGLICHKEITENVORFINANZIERUNGZINSSATZ

Modul 2 **7a** **Verhalten positiv oder negativ bewerten. Formulieren Sie mit den vorgegebenen Wörtern jeweils ein Redemittel für die linke und die rechte Spalte und schreiben Sie es an die entsprechende Stelle.**

1. in Ordnung / nicht in Ordnung
2. ablehnen/schätzen
3. anerkennen/missbilligen

4. moralisch fragwürdig / nicht unmoralisch
5. gutheißen / nichts halten von
6. undenkbar sein / anständig finden

Verhalten positiv bewerten	Verhalten negativ bewerten
1.	1.
2.	2.
3.	3.
4.	4.
5.	5.
6.	6.

b **Nehmen Sie nun mit den Redemitteln aus 7a zu den folgenden Situationen Stellung.**

1. Jemand trifft einen Kollegen auf der Straße und sagt „Schön, Sie zu sehen", obwohl er den Kollegen nicht ausstehen kann.
2. Man merkt, dass man zu spät zum Meeting kommt, und ruft deshalb kurz seinen Chef an und sagt, dass man im Stau stehe, obwohl das nicht stimmt.
3. Jemand steht an einer Ampel und wirft eine brennende Zigarette aus dem Wagen.
4. Man würde sich gerne sozial engagieren, aber man möchte keine Zeit dafür opfern, deshalb beschließt man, für eine gute Sache Geld zu spenden.

Modul 3 **8a** **Nachhaltiger Konsum. Ergänzen Sie die Redemittel, indem Sie die Buchstaben ordnen. Ergänzen Sie dann: Welche Redemittel passen zu *einen Begriff definieren* (D) und welche zu *Konsequenzen nennen* (K)?**

1. _____ Unter „nachhaltigem Konsum" _____ (vtheesrt) man …

2. _____ „Weltgesellschaft" wird _____ _____ (diieerfnt sla)…

3. _____ … eine logische _____ _____ (Logfe sti) …

4. _____ Daraus _____ (ebitgr) sich …

5. _____ Das _____ _____ (fhrüt uz) …

6. _____ Mit dem Begriff „fairer Handel" _____ (bnieczheet) man …

7. _____ Als _____ (Zuekoneqns) ergibt sich daraus, dass …

8. _____ Von „Vernetzungsprozess" _____ _____ (stchpir nam), wenn …

b **Definieren Sie nun zwei Begriffe aus 8a und nennen Sie jeweils eine Konsequenz.**

_____

_____

_____

_____

Modul 1 **9a** **Bilden Sie neun temporale Konnektoren mit den Buchstaben.**

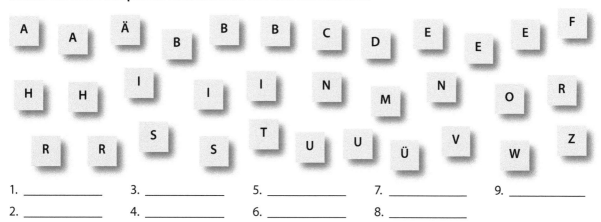

1. _____ 3. _____ 5. _____ 7. _____ 9. _____

2. _____ 4. _____ 6. _____ 8. _____

b **Ordnen Sie den folgenden Verbalformen die passende Nominalform aus 9a zu.**

Verbalform	Nominalform	Verbalform	Nominalform
1. solange		4. seitdem	
2. bevor		5. bis	
3. nachdem		6. wenn/als	

10a **Bilden Nomen zu den Verben und ergänzen Sie den Artikel.**

1. ausbrechen _____ 3. eintreten _____ 5. entwickeln _____

2. einsetzen _____ 4. entdecken _____ 6. scheitern _____

b **Bilden Sie das Präteritum zu den Verben aus 10a.**

1. _____ 3. _____ 5. _____

2. _____ 4. _____ 6. _____

c **Die Anfänge des Ruhrgebiets. Nominalisieren Sie die temporalen Nebensätze.**

1. Bevor die Steinkohle entdeckt wurde, war das Ruhrgebiet eine ländliche, idyllische Gegend.

_____

2. Erst seitdem Anfang des 19. Jahrhunderts Dampfmaschinen eingesetzt wurden, konnte die Kohleförderung gesteigert werden.

_____

3. Nachdem Mitte des 19. Jahrhunderts die März-Revolution scheiterte, nahm die industrielle Revolution ihren Lauf.

_____

4. Als die Industrialisierung eintritt, wird „der Unternehmer", und damit Persönlichkeiten wie Krupp, zu einer wichtigen Figur der deutschen Wirtschaft.

_____

5. Während sich die Kohle- und Montanindustrie in der zweiten Hälfte des 19. Jahrhunderts rasant entwickelte, nahmen auch die sozialen Konflikte zu und die Arbeiterbewegung entstand.

_____

Grammatik

d Bilden Sie Sätze mit temporalen Nominalformen. Achten Sie auf die Zeitform und setzen Sie, wenn nötig, die passenden Konnektoren ein.

1. der soziale Kampf – einstellen – der Erste Weltkrieg – beginnen

   _____

   _____

2. während – Krieg – aufgrund des großen Waffenbedarfs –

   die Unternehmer – riesige Gewinne – machen

   _____

   _____

3. bis – der Zweite Weltkrieg – ausbrechen – die sozialen Konflikte – sich verschärfen

   _____

4. nach – Hitler 1933 – die Macht – übernehmen – die Rüstungsindustrie – durch staatliche Subventionen –

   zum Motor der Konjunktur – werden

   _____

   _____

Modul 3 **11a Kausalsätze. Beantworten Sie die Fragen.**

1. Worum geht es bei einer kausalen Verknüpfung? _____

2. Nennen Sie zwei kausale Konnektoren: _____

3. Nennen Sie drei kausale Adverbien: _____

4. In welchem Teilsatz stehen kausale Adverbien? [a] im ersten oder [b] im zweiten

5. Nennen Sie zwei kausale Präpositionen: _____

6. Welche Ergänzung haben kausale Präpositionen? Kreuzen Sie an: [a] Verbalform oder [b] Nominalform

b Modalsätze. Beantworten Sie die Fragen.

1. Kennen Sie zwei modale Konnektoren? Welche?_____

2. Nach diesen Konnektoren folgt [a] Verbalform oder [b] Nominalform?

3. Durch welchen präpositionalen Ausdruck kann man diese Konnektoren ersetzen? _____

c *Modal* (M) oder *kausal* (K)? Schreiben Sie den entsprechenden Buchstaben.

_____ 1. Wegen der zunehmenden Profitgier vieler Unternehmen werden weltweit Menschrechte verletzt.

_____ 2. Durch den Import neuer Technologien für die Produktion steigt die Wettbewerbsfähigkeit der produzierenden Länder.

_____ 3. Viele Konzerne können ihre Gewinne nur erzielen, indem sie die Umwelt zerstören.

_____ 4. Aufgrund der Globalisierung kann man viel mehr Produkte als früher günstig aus dem Ausland beziehen.

_____ 5. Aber auch die Arbeitslosigkeit im Inland kann steigen, dadurch, dass viele Unternehmen ihre Produktion ins Ausland verlegen.

12a Nominalisierung. Ergänzen Sie die fehlenden Wörter in der Tabelle.

Adjektiv/Partizip II	Verb	Nomen (+ Artikel)
1. angestiegen		
2. begrenzt		
3. beschränkt		
4. gefallen		
5. geöffnet		
6. gewachsen		
7. kommunikativ		
8. konkurriert		

b Ursachen und Folgen der Globalisierung. Nominalisieren Sie die folgenden Sätze und schreiben Sie diese in Ihr Heft.

1. Dadurch, dass der eiserne Vorhang gefallen ist, konnte die jetzige Globalisierung erst einsetzen.
2. Weil die Grenzen geöffnet wurden, konnte sich der Welthandel frei entfalten.
3. Indem wir ohne Zeitverlust weltweit miteinander kommunizieren, können wir Arbeitsprozesse auf verschiedenen Kontinenten koordinieren.
4. Da der Arbeitsmarkt früher national oder regional begrenzt war, gab es ein geringeres Arbeitsangebot.
5. Aber der Druck auf die Arbeitnehmer steigt, weil sie mit vielen Arbeitskräften in der ganzen Welt konkurrieren müssen.
6. Da das Arbeitsangebot ansteigt, steigt auch der Preis des Kapitals an.
7. Indem die Weltwirtschaft ständig wächst, wachsen auch die Gefahren für die Umwelt.
8. Dadurch, dass viele Entwicklungsländer wirtschaftlich auf die Landwirtschaft beschränkt sind, kann die Globalisierung für sie ein starker Nachteil sein.

dul 1+3 **13** Das Saarland. Welches Wort passt? Kreuzen Sie an.

(1) [a] Bei [b] Indem [c] Während vieler Jahrhunderte erlebte das Saarland eine (2) [a] bewegliche [b] bewegte [c] wegen Geschichte und war Zankapfel zwischen Frankreich und Deutschland. (3) [a] Als [b] Bei [c] Nach dem Dreißigjährigen Krieg wuchs der französische Einfluss auf die Saargegend und das Gebiet (4) [a] hat [b] ist [c] wurde dem Königreich Frankreich angegliedert. (5) [a] Bei [b] Durch [c] Indem die Verstaatlichung der Steinkohlegruben erlebte das Gebiet schon im 18. Jahrhundert Ansätze einer frühen (6) [a] Industrie [b] Industrialisierung [c] Industriekultur. (7) [a] An [b] Nach [c] Wenn der Gründung des Deutschen Reiches und der Angliederung an Elsass-Lothringen (8) [a] erfand [b] erlebte [c] entstand das drittgrößte Schwerindustriegebiet des Deutschen Reiches. (9) [a] Seit [b] Seitdem [c] Vor der Industrialisierung war das Saarland ein wichtiges (10) [a] Produkt [b] Wunder [c] Zentrum der Eisen- und Stahlindustrie. (11) [a] Bevor [b] Bis [c] Während der Mitte des 20. Jahrhunderts prägten (12) [a] Anbau [b] Abbau [c] Bergbau und Stahlindustrie die wirtschaftliche Struktur des Landes. Erst (13) [a] als [b] nach [c] seit 1957 ist das Saarland ein deutsches Bundesland.

14 Mein Text. Schreiben Sie einen Vortrag zum Thema „Kulturelle Identität in einer globalisierten Welt". Achten Sie auf eine klare Struktur und den AHA-Effekt: ANFANG (Einleitung), HAUPTTEIL und ABSCHLUSS (Fazit, Resümee).

Prüfungstraining

Hörverstehen

Regionen in Deutschland – Das Ruhrgebiet / Vom Bergbau- zum Dienstleistungs- und Kulturzentrum

In diesem Teil der Prüfung hören Sie einen Vortrag über das Ruhrgebiet. Sie hören diesen Vortrag zweimal. Das erste Mal wird Ihnen der Vortrag vorgelesen, ohne dass Sie die Möglichkeit bekommen, die Aufgaben vorher gelesen zu haben. Nach dem ersten Hören erhalten Sie die Aufgaben und haben 10 Minuten Zeit, um diese zu lesen. Hören Sie den Text anschließend ein zweites Mal. Während dieser Zeit haben Sie Zeit, einige Aufgaben gleich zu lösen. Nach dem zweiten Hören haben Sie etwa 40 Minuten Zeit, um alle Aufgaben auf dem Aufgabenblatt zu lösen.
Beachten Sie bitte, dass alle Aufgaben mit einem Kugelschreiber geschrieben werden müssen und dass alle mit einem Bleistift beantworteten Fragen nicht beachtet werden.

1. Ergänzen Sie die entsprechenden Daten zur Entwicklung des Ruhrgebiets in die folgende Tabelle.

Gesamtfläche:		Einwohnerzahl:	
Distanz vom Osten nach Westen:		a) im Ruhrgebiet:	
Distanz vom Norden nach Süden:		b) mit benachbarten Städten:	

2. Nennen Sie drei Städte im Ruhrgebiet, die im letzten Jahrhundert schnell gewachsen sind.

– _____   – _____   – _____

3. Beschreiben Sie die erste Phase der Entwicklung des Ruhrgebiets zwischen 1947 und 1957. Antworten Sie in Stichworten.

1. Bezeichnung: _____

2. Gründe für die schnelle Entwicklung:

a) _____

b) _____

c) _____

4. 1957 begann die zweite Phase der Entwicklung des Gebiets – die Kohlenkrise. Sie hören mehrere Gründe dafür. Ergänzen Sie die Lücken.

Der Anteil der Kohle aus dem Ruhrgebiet an der Weltproduktion war stark (1) _____.

Dafür gab es mehrere Gründe. Kohle konnte plötzlich in anderen Ländern (2) _____

_____ werden, denn die Abbaugebiete waren (3) _____ und

man konnte die Kohle dort (4) _____. Außerdem gingen wichtige

(5) _____ des Absatzmarktes (6) _____, da

Kohle nun durch (7) _____ wurde. So stellte zum Beispiel einer der

wichtigsten Käufer – „Die deutsche Bundesbahn" – seine Züge (8) _____

um, weshalb (9) _____ mehr benötigt wurde. Dadurch war das

Angebot an Steinkohle zeitweise (10) _____ die Nachfrage.

5. Welche zwei Konsequenzen brachte der reduzierte Steinkohlebergbau für das Ruhrgebiet mit sich? Antworten Sie in Stichworten.

reduzierter Steinkohlebergbau

1. unmittelbare Folgen		2.
a)		
b)		
c)		
d)		

6. Welche Lösung wurde für die Krise gefunden? Nennen Sie den Sektor sowie mindestens drei dazu passende Beispiele. Antworten Sie in 1–2 Sätzen.

_____

_____

7. Welche der Aussagen zum Bildungssystem und Forschung treffen zu? Kreuzen Sie die richtige(n) Antwort(en) (R) an.

		R
1.	Innerhalb von 60 Jahren entstanden in Bochum, Dortmund, Essen, Duisburg und Hagen neue Universitäten.	
2.	Es entstanden ebenfalls acht weitere Fachhochschulen.	
3.	Es wurden drei forschungsnahe Fraunhofer- und ebenso viele Max-Planck-Institute gegründet.	
4.	Im Ruhrgebiet gibt es die meisten Hochschulen in ganz Europa.	

8. Entscheiden Sie, ob die folgenden Aussagen zur kulturellen Entwicklung im Ruhrgebiet richtig (R) oder falsch (F) sind. Kreuzen Sie an.

		R	F
1.	Im Ruhrgebiet gibt es sehr viele örtliche Theater und Opernhäuser.		
2.	Außerdem treten mehr als 150 kleine Theatergruppen auf freien Bühnen auf.		
3.	Durch große Festivals ist das Ruhrgebiet auch in anderen Regionen bekannt geworden.		
4.	Fokus bei dem Projekt „Internationale Bauausstellung Emscher-Park (IBA)" lag auf der Restaurierung alter Industriedenkmäler.		
5.	In den Zechen wird heute nicht nur schwer gearbeitet, sondern sie sind auch zu touristischen Highlights geworden, die viele Besucher anziehen.		

9. Wie ist der Text aufgebaut? Bringen Sie die Informationen im Hauptteil in die richtige Reihenfolge.

____ Kohle und Stein als Motor der Wirtschaft

____ Kulturelle Entwicklung

_1_ Fakten und Zahlen über das Ruhrgebiet

____ Dienstleistungsbereich als Alternative

____ Die Krise und ihre Folgen

____ Bildung und Forschung

Ziele

1a Pläne, Ziele, Wünsche. Sortieren Sie die Buchstaben und ordnen Sie dann zu, welche Ausdrücke eine ähnliche Bedeutung haben.

1. ____ sich etwas (vehnmnroe) _____   a die (Ittnoeinn) haben   _____

2. ____ etwas (vcneriehiklrw) _____   b einen (Elhssntusc) fassen   _____

3. ____ sich (eßtnlncseieh) zu _____   c (zegsiltrieb) sein   _____

4. ____ ein Ziel (volrenfeng) _____   d etwas in die Tat (usezmnte) _____

5. ____ die (Ashcbti) haben _____   e einen (Vostarz) fassen   _____

b Bilden Sie Nomen zu den folgenden Verben und Adjektiven und vergessen Sie den Artikel nicht.

1. erfüllen _____   5. motiviert _____

2. ehrgeizig _____   6. planen _____

3. entschließen _____   7. vorhaben _____

4. erwerben _____   8. wollen _____

c Welche Ausdrücke passen nicht in die Gruppe? Streichen Sie durch und notieren Sie die Wörter unter dem passenden Oberbegriff.

1. Wissen erweitern	2. etwas planen	3. etwas realisieren
~~Ernst machen mit etwas~~ etwas wahr machen Kenntnisse erwerben in pauken den festen Willen haben sich ein Ziel setzen sich fortbilden	sich etwas einprägen büffeln etwas in die Tat umsetzen sich etwas vornehmen die Absicht haben etwas durchziehen die Intention haben	einen Entschluss fassen sich einen Wunsch erfüllen etwas verwirklichen etwas zustande bringen sich etwas zu eigen machen etwas verfolgen beabsichtigen *Ernst machen mit etwas*

2a Ihre Ziele. Ergänzen Sie die Mindmap mit Ihren persönlichen Zielen.

meine Ziele

ZIELE

b Finden Sie auch, dass man Ziele und Wünsche streng voneinander trennen sollte? Wählen Sie einen der drei Blogs von der Auftaktseite im Lehrbuch und schreiben Sie einen Kommentar dazu.

Modul 1 **3** **Weltweit vernetzt. Ergänzen Sie den Text mit den Wörtern aus dem Kasten.**

allgegenwärtig	Anonymität	bedenkenlos	beruflicher	Boom	Chats	Daten
durchsichtig	Gefahren	Kommunikation	Kontakte	Networking	Netzwerke	
räumlich	Sicherheitseinstellungen	Vernetzung	Videounterhaltungen	Welt		

In den letzten Jahren erlebten soziale (1) _____

einen regelrechten (2) _____. Facebook,

Twitter und Co. sind (3) _____. Nicht ohne Grund,

denn optimales (4) _____ kann das Leben sowohl

auf (5) _____ als auch auf privater Ebene sehr

erleichtern. Hier kann man (6) _____ pflegen,

auch wenn man (7) _____ voneinander getrennt

ist. (8) _____, private Nachrichten und

(9) _____ funktionieren über alle Ländergrenzen

hinweg. Durch die globale (10) _____ fällt nicht

nur die (11) _____ leichter, sondern Menschen

teilen auch Nachrichten, die die (12) _____

bewegen. Aber trotz aller (13) _____ birgt das Social Networking natürlich auch

(14) _____. Man verlässt die (15) _____ und es besteht die

Gefahr, sich (16) _____ zu machen. Aber persönliche (17) _____

sind zu wichtig, um sie (18) _____ ins Netz zu stellen.

Modul 3 **4** **Gute Vorsätze. Lösen Sie das Kreuzworträtsel.**

1. findet zwischen Silvester und Neujahr statt
2. etwas, das man sich vornimmt
3. Unzufriedenheit
4. ein positives Gefühl, Heiterkeit
5. ein Krankheitsbild
6. Erhebung, Nachforschung, Untersuchung
7. Lust, Vergnügen
8. Schwere eines Körpers

Lösungswort: _____

Modul 4 **5** **Ehrenamtlich. Bei den unterstrichenen Wörtern haben sich Fehler eingeschlichen. Korrigieren Sie in Ihrem Heft.**

1. einsetzen, wenn Not am Brot ist	4. als Freigiebiger arbeiten	7. sich für Projektile einsetzen
2. sich ehrenamtlich agieren	5. auf Bezug verzichten	8. das eigene Leben bereiten
3. einen Beitrag lernen	6. Kontakte köpfen	9. eine Verwandtschaft übernehmen

Redemittel

6a **Welches Redemittel in jeder Reihe passt zu *Tipps* oder *Ratschläge geben*? Unterstreichen Sie.**

1. An deiner Stelle würde ich … – Ich wüsste noch gerne, … – Ich denke mir das so: …
2. Ich habe Folgendes vor … – Ich würde vorschlagen, dass … – Wenn ich du wäre …
3. Mein Vorschlag dazu wäre … – Du solltest auf alle Fälle … – Mir ist noch nicht klar …
4. Deshalb mein Rat … – Du meinst also, dass … – Wir könnten vielleicht …
5. Damit bin ich nicht einverstanden. – Ich bin dafür, dass … – Ich kann dir empfehlen …

b **Schreiben Sie eine E-Mail an eine/n Bekannte/n und geben Sie ihr/ihm fünf Tipps für ein besseres Zeitmanagement.**

7a **Bilden Sie Redemittel, die Sie verwenden können, um einen Aufsatz zu schreiben. Ordnen Sie dann zu: Welche Redemittel gehören zu *Einleitung* (E), *Argumente hervorheben* (A), *Beispiele geben* (B), *etwas ergänzen* (ER), *etwas wiederholen* (W) oder *Schluss* (S)?**

1. ____ Tatsache – die – zu – ist – nicht – dass – vergessen _____

2. ____ dass – übersehen – darf – nicht – auch – man _____

3. ____ dargelegt – bereits – wie _____

4. ____ Situation – in – aktuellen – der – Anbetracht _____

5. ____ zu – ist – hinaus – erwähnen – darüber _____

6. ____ viel – heute – Frage – ist – diskutierte – eine _____

7. ____ sagen – sich – fassend – zusammen – lässt _____

8. ____ Rolle – noch – wichtige – außerdem – spielt – eine _____

9. ____ folgendem – sich – Beispiel – verdeutlichen – mit – das – lässt

_____

10. ____ besonders – dass – hierbei – betonen – man – muss _____

b **Freiwilligenarbeit. Bringen Sie den Text des Aufsatzes in die richtige Reihenfolge und unterstreichen Sie die Redemittel.**

____ a Bevor ich näher auf das Thema eingehe, möchte ich klären, was dieser Begriff bedeutet.

____ b Und das tun in Deutschland sehr viele Menschen. Ein treffendes Beispiel sind all diejenigen, die ohne Bezahlung Kinder in Sportvereinen trainieren oder alte und kranke Menschen in Pflegeheimen versorgen.

____ c Wie wichtig ist Freiwilligenarbeit? Das ist ein Thema von besonderer Aktualität, weil …

____ d Hierbei muss man besonders betonen, dass sich in den bereits erwähnten Einrichtungen Menschen aller Altersgruppen engagieren.

____ e Freiwillig arbeiten heißt, ohne Bezahlung in einer sozialen Einrichtung mitzuhelfen.

____ f Wie bereits dargelegt, engagieren sich nicht nur Menschen aller Altersgruppen, sondern auch Menschen aus den unterschiedlichsten gesellschaftlichen Schichten.

____ g Und in Anbetracht der aktuellen Situation wäre es wünschenswert, diese Tradition fortzusetzen.

____ h zum Beispiel alleine in Deutschland über 23 Millionen Menschen eine ehrenamtliche Tätigkeit ausüben.

____ i Nicht zu vergessen ist die Tatsache, dass das Ehrenamt in Deutschland eine lange Tradition hat.

Modul 1 **8** **Nomen und Adjektive. Bilden Sie durch Anhängen von Suffixen Adjektive aus den Nomen. Manchmal sind mehrere Adjektivbildungen möglich. Unterstreichen Sie die verschiedenen Adjektivendungen.**

1. der Alltag _____
2. die Bedeutung _____
3. die Gewohnheit _____
4. der Fehler _____
5. die Funktion _____
6. die Information _____
7. die Kultur _____

8. die Macht _____
9. der Mangel _____
10. der Nerv _____
11. der Teufel _____
12. der Vorrang _____
13. die Verschwendung _____
14. der Wunsch _____

9a **So wichtig, dass man nicht darauf verzichten kann. Konsekutivsätze. Ergänzen Sie die Regel.**

Adjektiv	Aussage	*dass*	Folge	Hauptsatz	Nebensatz	*so*	*sodass*

Konsekutivsätze geben eine (1) _____ an, die sich aus der (2) _____ im

Hauptsatz ergibt. Der Konnektor (3) _____ leitet einen (4) _____ ein.

(5) _____ kann aber auch vor einem (6) _____ im (7) _____

stehen, dann genügt (8) _____ als Konnektor.

b **Wählen Sie sechs Adjektive aus 8 und schreiben Sie Konsekutivsätze.**

1. Der Anblick war so alltäglich, dass er mir kaum noch auffiel.

_____
_____
_____
_____
_____
_____

10a Zu virtuell, um wahr zu sein. Negative Konsekutivsätze. Beantworten Sie die Fragen.

1. Was drücken negative Konsekutivsätze aus? _____
2. Mit welchen zweiteiligen Konnektoren werden sie gebildet? _____
3. Wo steht *zu*? Im _____ vor einem _____ oder _____.
4. In welcher Form steht das Verb nach *um zu*? _____
5. Wie steht das Verb nach *als dass*? _____

b **Formulieren Sie nun Ihre Sätze aus 9b in negative Konsekutivsätze um und schreiben Sie sie in Ihr Heft.**

1. Der Anblick war zu alltäglich, um mir noch aufzufallen. / Der Anblick war zu alltäglich, als dass er mir noch aufgefallen wäre.

11 Die Macht des Internets. Verbinden Sie die Sätze mit *zu …*, *um zu* oder *zu …, als dass*.

1. Das Internet gehört zum Alltag. Wir können uns ein Leben ohne Internet nicht mehr vorstellen.
2. Soziale Netzwerke sind von großer Bedeutung. Wir können nicht auf ein Profil in einem der Netzwerke verzichten.
3. Das Posten auf Facebook ist schon zur Gewohnheit geworden. Man kann es nicht mehr durch eine andere Art der Kontaktpflege ersetzen.
4. Im Internet ist die Verbreitung des Englischen sehr stark. Wir können diese Sprache nicht ignorieren.
5. Im Internet gibt es sehr viel Information. Wer will nicht davon profitieren?
6. Die Macht des Internets ist sehr groß. Wir können uns einen Totalausfall nicht leisten.
7. Die Sicherheitssysteme im Internet haben Fehler. Wir sollten im Umgang mit unseren Daten nicht leichtsinnig sein.

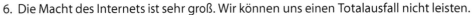

1. Das Internet gehört zu sehr zum Alltag, als dass wir uns noch ein Leben ohne Internet vorstellen könnten.

Modul 3 **12a** Gute Vorsätze. Unterstreichen Sie die Konnektoren im Text.

Immer wenn ein neues Jahr beginnt, haben gute Vorsätze Hochkonjunktur. Obwohl wir die gleichen guten Vorsätze bereits im vergangenen Jahr nicht umgesetzt haben, versuchen wir es immer wieder, denn die Hoffnung stirbt bekanntlich zuletzt. Der Mensch ist ein Gewohnheitstier und besonders, wenn man mit anderen zusammenlebt, fällt es schwer, bestimmte
5 Veränderungen umzusetzen. Trotzdem nehmen wir uns auch dieses Silvester wieder jede Menge vor, weil wir einfach nicht ohne Wünsche, Träume und Ziele leben können. Dennoch reicht es nicht, sich etwas vorzunehmen, man muss auch einen realistischen Plan haben, die guten Vorsätze zu realisieren. Zwar dürfen die guten Vorsätze nicht zu leicht sein, weil uns dann die Motivation fehlt, aber sie müssen auch einen Bezug zur Realität wahren, da es sonst
10 natürlich unmöglich wird, sie in die Realität umzusetzen. Es interessiert Sie vielleicht zu erfahren, ob die Deutschen ähnliche oder gar gleiche Vorsätze fassen. In der Tat haben sich die meisten Deutschen trotz Zeitdruck im Beruf entweder vorgenommen, Stress abzubauen und öfter auf das Handy zu verzichten oder sich mehr Zeit für Freunde und Familie zu nehmen.

b **Konnektoren und ihre Funktion.** Ordnen Sie sie die Konnektoren aus 12a ihren Funktionen zu. Geben Sie dabei die Textzeile an.

1. einen Grund nennen: _____,

   _____, _____

2. einen Gegengrund oder eine Einschränkung

   ausdrücken: _____,

   _____, _____,

   _____, _____

3. eine Bedingung nennen: _____

4. einen Zeitpunkt nennen: _____

5. eine indirekte Frage stellen: _____

6. zwei Alternativen nennen: _____

   _____

c **Welche Konnektoren, die einen Gegengrund oder eine Einschränkung ausdrücken, stehen in der Verbalform und welche in der Nominalform?**

Verbalform: _____, _____, _____, _____ _____;

Nominalform: _____

13a Mehr Sport, mehr Entspannung, mehr Zeit. Bilden Sie Verben aus den Nomen oder Nomen aus den Verben.

Verb	Nomen	Verb	Nomen
1. sich anstrengen		4.	Konzentration
2. sich begeistern		5.	Verbesserung
3.	Gewohnheit/Gewöhnung	6. wünschen	

b **Bilden Sie nun Konzessivsätze im *Nominalstil* (N) oder im *Verbalstil* (V). Beim Verbalstil formulieren Sie entweder einen *Nebensatz* (VN) oder zwei *Hauptsätze* (VH).**

1. (N) sich sehr anstrengen – die Menschen – Vorsätze – nicht immer – umsetzen – können
2. (VN) viele Menschen – Gewöhnung – an gesunde Ernährung – immer wieder – auf Fastfood – zurückgreifen
3. (VH) manche Menschen – starke Konzentration – auf ein Ziel – bei vielen – die Motivation – schon nach kurzer Zeit – verpuffen
4. (VN) sportliche Betätigung – Verbesserung der Lebensqualität – viele Menschen – ihr bequemes Sofa – nicht verlassen – wollen
5. (N) mehr Freizeit – wünschen – die meisten – ihr Zeitmanagement – nicht verbessern
6. (N) sich begeistern – für das neue Ziel – bei vielen – die Motivation – nach kurzer Zeit – nachlassen

   1. Trotz großer Anstrengungen können die Menschen ihre Vorsätze nicht immer umsetzen.

14a **Finalsätze. Ergänzen Sie die folgende Regel.**

   Finalsätze geben eine A_____, einen Zw_____ oder ein Z_____ an.

b **Nächstes Jahr wird alles anders. Formen Sie die Finalsätze jeweils in den Verbalstil oder den Nominalstil um.**

1. Damit wir uns an die guten Vorsätze erinnern, sollten wir sie auf jeden Fall aufschreiben.
2. Um das Ziel zu verwirklichen, hilft es, den Vorsatz täglich zu überprüfen.
3. Zur Gewährleistung des Erfolgs sollten die Ziele möglichst konkret formuliert werden.
4. Um Motivationsverlust zu vermeiden, sollte man Etappenziele formulieren und überprüfen.
5. Belohnen Sie sich zur Vermeidung von Frust nach dem Erreichen jedes Etappenziels.

c **Geben Sie Tipps zu den folgenden Fragen und formulieren Sie Finalsätze im Nominalstil. Benutzen Sie die Redemittel aus 6a. Was kann ich tun, …**

1. … um meine Lebensqualität zu verbessern?
2. … damit sich meine Leistungsfähigkeit steigert?
3. … um mein Leben sinnvoller zu gestalten?
4. … um meine guten Vorsätze einzuhalten?
5. … damit meine Willenskraft trainiert wird?

15 **Mein Text. Suchen Sie im Internet eine Statistik oder Grafik zum Thema „Ehrenamt in Deutschland". Beschreiben Sie zuerst die Grafik, vergleichen Sie dann die Situation mit Ihrem Heimatland und stellen Sie zum Schluss Vermutungen über die zukünftige Entwicklung an.**

Test
DaF

Schriftlicher Ausdruck (60 Min.)

Soziale Netzwerke im Beruf: Möglichkeiten und Risiken

Soziale Netzwerke sind für viele Menschen zu einem unverzichtbaren Bestandteil ihres Lebens geworden. Es werden täglich neue Freundschaften geschlossen und neue Kontakte geknüpft, dabei gibt man recht viel von sich preis: Interessen, persönliche Neigungen sowie online gestellte Fotos sind für jeden sichtbar. Inzwischen werden Soziale Netzwerke auch dafür genutzt, mit den potenziellen Arbeitgebern Kontakt aufzunehmen. Diese nutzen ihrerseits Facebook, Instagram, Twitter etc. bei ihren Entscheidungen in Bezug auf die Personalsuche und -auswahl.

Schreiben Sie einen Text zum Thema „Soziale Netzwerke im Beruf: Möglichkeiten und Risiken".

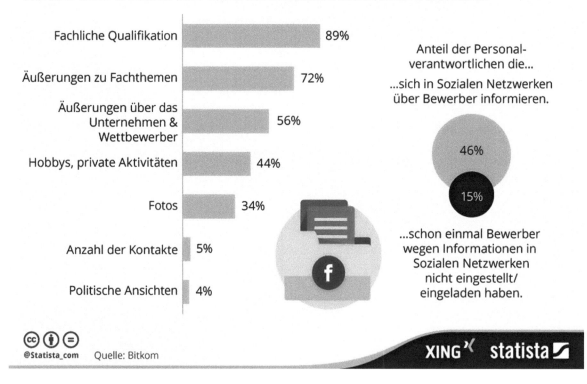

Personaler haben Soziale Netzwerke im Blick

Worüber sich Personaler über Bewerber in Sozialen Netzwerken informieren

Fachliche Qualifikation	89%
Äußerungen zu Fachthemen	72%
Äußerungen über das Unternehmen & Wettbewerber	56%
Hobbys, private Aktivitäten	44%
Fotos	34%
Anzahl der Kontakte	5%
Politische Ansichten	4%

Anteil der Personalverantwortlichen die...

...sich in Sozialen Netzwerken über Bewerber informieren.

46%

15%

...schon einmal Bewerber wegen Informationen in Sozialen Netzwerken nicht eingestellt/ eingeladen haben.

@Statista_com   Quelle: Bitkom

XING   statista

Beschreiben und vergleichen Sie,
- **inwieweit die Personalverantwortlichen Informationen aus Sozialen Netzwerken für die Personalsuche nutzen und**
- **auf welche Aspekte die Personaler besonders achten.**

In der Diskussion über die Rolle Sozialer Netzwerke für das Berufsleben werden zwei unterschiedliche Meinungen vertreten:

- Netzwerke können förderlich sein und ermöglichen einem, seine Berufschancen durch Kontakte zu erhöhen.

- Selbsterstellte Profile in Sozialen Netzwerken machen es den Arbeitgebern leicht, sich über Bewerber im Voraus zu informieren.

Geben Sie die beiden Aussagen mit eigenen Worten wieder.
Nehmen Sie zu den beiden Aussagen Stellung und begründen Sie Ihre Meinung.
Gehen Sie auf die Rolle Sozialer Netzwerke in Ihrem Heimatland ein.

Mündliche Prüfung

1. Lesen Sie den Text „Das Ehrenamt – der Kitt der Gesellschaft" im Lehrbuch in Modul 4 und fassen Sie die wichtigsten Inhalte zusammen.

2. Im Text werden bereits Gründe für freiwilliges Engagement genannt. Können Sie weitere Gründe dafür nennen?

3. Der Text handelt u.a. vom *Strukturwandel im Freiwilligendienst*. Was ist damit gemeint? Erläutern Sie diesen Begriff.

4. Sie wollen *Soziale Arbeit* studieren. Wie stellen Sie sich Ihre berufliche Laufbahn vor?

5. Welche Rolle spielen Sozialarbeiter in Ihrem Land?

Vorbereitungszeit: 20 Minuten
Prüfungszeit: ca. 15 Minuten, wobei das Vorstellen und die Zusammenfassung ca. 5 Minuten einnehmen.

Gesund und munter

Auftakt **1a Arzt, Heilmittel, Gesünder leben. Welche Wörter fallen Ihnen zu diesen Oberbegriffen ein? Schreiben Sie.**

Arzt   Heilmittel   Gesünder leben

_____   _____   _____

_____   _____   _____

_____   _____   _____

_____   _____   _____

_____   _____   _____

_____   _____   _____

b Was kann man tun, um gesünder zu leben? Geben Sie einer Freundin / einem Freund fünf Tipps.

1. Ich würde dir empfehlen, _____.

2. Hast du schon mal daran gedacht, _____?

3. Versuch doch mal _____.

4. Wie wäre es, wenn du _____?

5. Ich kann dir nur raten, _____.

2a Krankheiten, Symptome, Körperfunktionen und Wohlbefinden. Welches Wort passt nicht in die Reihe? Streichen Sie durch.

1. die Allergie – die Auszeit – die Grippe – der Krebs – das Magengeschwür – die Masern
2. die Blutungen – das Fieber – die Kopfschmerzen – die Kreislaufstörungen – die Prophylaxe
3. die Atmung – die Betäubung – die Durchblutung – der Stoffwechsel – die Verdauung
4. die Entspannung – die gesunde Ernährung – das innere Gleichgewicht – die Zahnbehandlung

b Lieber vorbeugen als heilen. Was passt zusammen? Ordnen Sie zu.

1. ____ sich eine Auszeit   a abbauen

2. ____ die Durchblutung   b finden

3. ____ Krankheiten   c fördern

4. ____ das innere Gleichgewicht   d machen

5. ____ Sonnenbrand   e nehmen

6. ____ Stress   f vermeiden

7. ____ eine Therapie   g vorbeugen

Modul 1

3 Hausmittel oder Medikamente? Ergänzen Sie die Wörter aus dem Kasten.

> Arzt Beschwerden Erkältungskrankheiten Ernährung Gehirn Glaube Hausmittel Medikamente
> Heilungsprozessen Nebenwirkungen Patienten Placebo-Effekt Psyche Rezept Schlaf Wirkung

Bei vielen Krankheiten oder (1) _____ helfen bewährte (2) _____

oft genauso gut wie herkömmliche (3) _____. Diese haben auch den Vorteil, dass

man nicht mit unerwünschten (4) _____ rechnen muss. Man muss also nicht unbe-

dingt sofort zum (5) _____ gehen und sich ein (6) _____ geben

lassen. Oft kann man z. B. den für die kühle Jahreszeit typischen (7) _____ sogar

vorbeugen, indem man auf eine gesunde (8) _____ achtet und für genügend

(9) _____ sorgt. Natürlich muss man an die heilende (10) _____

dieser Mittel auch glauben, denn die (11) _____ spielt eine wichtige Rolle bei

allen (12) _____. Dass der (13) _____ heilt, das haben auch

Nachforschungen zum sogenannten (14) _____ bewiesen. So werden bei

(15) _____, die an die Therapie glauben, schmerzhemmende Systeme im

(16) _____ aktiviert.

Modul 2

4 Finden Sie zwölf Wörter zum Thema Gesundheit und Gesundheitswesen im Buchstabenrätsel.

V	O	R	S	O	R	G	E	U	N	T	E	R	S	U	C	H	U	N	G
O	R	I	T	H	B	M	N	O	P	D	S	C	H	M	E	R	Z	E	N
G	E	S	U	N	D	H	E	I	T	S	S	Y	S	T	E	M	P	O	R
A	V	I	G	F	M	L	P	W	A	Z	V	K	U	O	P	C	D	G	I
M	X	K	R	E	A	F	R	U	E	H	E	R	K	E	N	N	U	N	G
U	Y	O	V	B	F	S	A	Q	H	E	R	Z	I	N	F	A	R	K	T
B	O	F	I	N	M	A	S	S	N	A	H	M	E	N	V	A	S	S	R
M	R	A	K	R	A	N	K	E	N	K	A	S	S	E	X	Y	Z	I	O
A	B	K	C	D	E	F	G	H	I	J	L	K	L	M	N	O	P	Q	R
P	A	T	I	E	N	T	T	A	R	Z	T	T	E	R	M	I	N	U	G
G	N	O	M	K	L	E	B	E	N	S	E	R	W	A	R	T	U	N	G
F	A	R	Z	T	P	R	A	X	I	S	N	T	V	U	E	D	F	B	A

Modul 3

5 Wie gut sind unsere Lebensmittel? Die folgenden Wörter sind durcheinandergeraten. Schreiben Sie sie richtig. Schreiben Sie mit Artikel.

1. Kontlebensrollemittel _____
2. Mittelnahritätungsqual _____
3. Indmitteslustrieleben _____
4. Systemwachüberungs _____
5. Markstellerheren _____
6. Prosichtdukterheit _____
7. Schoffstad _____
8. Duektprobio _____

Modul 4

6 Wellness pur! Was passt zusammen? Ordnen Sie zu.

1. ____ ayurvedische
2. ____ Bio
3. ____ Body-Mass-
4. ____ fairer
5. ____ frei laufende
6. ____ Sauna
7. ____ Wellness
8. ____ zuckerfreie

a Handel
b Hotel
c Hühner
d Massage
e Index
f Müll
g Oase
h Säfte

Redemittel

7a Eine Grafik beschreiben. Bringen Sie die Struktur der Grafikbeschreibung in die richtige Reihenfolge.

_____ a Ähnlichkeiten/Unterschiede/Entwicklung

_____ b Auswertung / Eigene Meinung / Schlussfolgerung

_____ c Art der Daten

_____ d Inhalt/Hauptpunkte

_____ e Quelle

_____ f Thema und Titel

_____ g Überraschendes

UNSER SPEISEPLAN – heute und früher

Jährlicher Pro-Kopf-Verbrauch ausgewählter Lebensmittel in Kilogramm

	Brot u.a.**	Gemüse	Fleisch	Milch	Obst	Kartoffeln	Zucker	Käse	Fisch	Butter	Eier (Stück-zahl)
2012*	96,5 kg	95,7	87,0	83,2	93,8	68,6	32,0	23,7	14,1	6,2	217
1970	66,0 kg	63,8	76,8		93,0	65,2	34,3	10,0	11,2	8,6	275

102,0

Quelle: Bundesanstalt für Ernährung und Landwirtschaft   *vorläufig   **Getreideerzeugnisse   © Globus 6214

b Schauen Sie die Grafik oben an und lesen Sie den Text. Was ist richtig? Kreuzen Sie an.

Die Grafik zeigt die (1) [a] Auswertung [b] Entwicklung [c] Ergebnisse (2) [a] der gesunden Ernährung [b] der Lebensmittelindustrie [c] des Lebensmittelverbrauchs in (3) [a] Deutschland [b] Europa [c] der Welt. Die Angaben in der Grafik beziehen sich auf die Jahre (4) [a] 1932 [b] 1950 [c] 1970 und heute. Die Daten stammen von (5) [a] der Bundesanstalt für Ernährung und Landwirtschaft [b] dem Gesundheitsamt [c] dem Statistischen Bundesamt. Der (6) [a] tägliche [b] monatliche [c] jährliche Pro-Kopf-Verbrauch von (7) [a] ausgewählten Lebensmitteln [b] bestimmten Konsumgütern [c] speziellen Waren wird in Form von (8) [a] Balken [b] Kreisdiagrammen [c] Säulen dargestellt. Die Angaben erfolgen in (9) [a] absoluten Zahlen [b] Mengen [c] Prozenten. Bei (10) [a] einigen [b] den meisten [c] allen Lebensmitteln lässt sich eine klare (11) [a] Mehrheit [b] Steigung [c] Zunahme des Konsums erkennen. Besonders bei Brot, Gemüse und Fleisch wird diese Tendenz (12) [a] bedeutend [b] deutlich [c] erkenntlich. (13) [a] Ausgefallen [b] Erstaunlich [c] Überrascht finde ich die Tatsache, dass der Verzehr von Obst stark (14) [a] zurückge-gangen [b] zurückgekommen [c] zurückgenommen ist. (15) [a] Bedenklich [b] Interessant [c] Verglichen ist auch die (16) [a] Anfrage [b] Angabe [c] Ansage zum Zuckerkonsum, der in vierzig Jahren nahezu (17) [a] ungleich [b] unterschiedlich [c] unverändert geblieben ist. (18) [a] Gesamt [b] Insgesamt [c] Total bestätigt dieses Schaubild (19) [a] meiner Abwägung nach [b] meiner Annahme nach [c] meiner Ansicht nach nicht unbedingt die weitverbreitete (20) [a] Absage [b] Begründung [c] Annahme, dass wir uns heute viel gesünder ernähren als früher.

8a Ein Referat halten. Bringen Sie die Buchstaben in die richtige Reihenfolge und ordnen Sie dann zu: Welche Redemittel sind für _Überleitungen_ (Ü) und welche für den _Schluss_ (S)?

1. ____ (düreabr) _____ hinaus spreche ich …

2. ____ Ein (witreeer) _____ Punkt ist, …

3. ____ Ein ähnlicher (gptcuhnseksit) _____

4. ____ (zessmensfamanud) _____ könnte man sagen …

5. ____ Dem (gegbeenür) _____ kann man …

6. ____ (feernr) _____ möchte ich …

7. ____ (wiheitern) _____ ist zu bedenken …

8. ____ Als (nstähecs) _____ möchte ich …

9. ____ Wir können also die (sfhcunrguloslseg) _____ ziehen, dass …

10. ____ Es bleibt die (frgae) _____ offen …

b Wie können Sie angemessen auf Einwände und Fragen reagieren? Kreuzen Sie an.

☐ 1. Ich verstehe Ihren Einwand, aber ich möchte darauf hinweisen, dass …

☐ 2. Warten Sie bitte einen Moment, ich komme sonst aus dem Konzept.

☐ 3. Vielen Dank für diesen Hinweis. Das ist ein weiterer interessanter Punkt.

☐ 4. Danke für die Frage. Das habe ich mich nämlich auch schon gefragt.

☐ 5. Darf ich später auf Ihre Frage zurückkommen?

Modul 4 9a Einen Kommentar schreiben. Bringen Sie die Redemittel in die richtige Reihenfolge. Übernehmen Sie die Tabelle und ordnen Sie sie der entsprechenden Gruppe zu.

1. Das – Beispiel – spricht – zum – diese – These – gegen – Argument – dass ….
2. Gesagt – dass – wird – Meldung – zwar – der – in …
3. Nicht – in – nachvollziehbar – Schlussfolgerung – meinen – ist – denn – Augen – diese …
4. Auf – Kommentar – sich – mein – bezieht …
5. Auffassung – dass – der – bin – ich …
6. Sicher – Gedanke – für – mag – aber – aufdrängen – viele – der – sich – dass …
7. Idee – halte – weil – falsch – für – ich – diese …
8. Thema – Meldung – die – das – behandelt …

einen Kommentar einleiten	auf Argumente eingehen	die eigene Meinung argumentierend darlegen

b Schreiben Sie einen Kommentar zu der Schlussfolgerung der Grafikauswertung in 7b.

Modul 1 10a „Die Natur ist die beste Apotheke." (Sebastian Kneipp) Formen Sie die Infinitivsätze in *dass*-Sätze um und unterstreichen Sie die Subjekte.

1. Wir müssen wieder lernen, auf die Signale unseres Körpers zu achten.
2. Alle Menschen sollten sich darauf besinnen, die körpereigenen Heilkräfte zu aktivieren.
3. Wir hoffen sehr, Sie von der heilenden Wirkung von Kneipp-Kuren überzeugen zu können.
4. Es ist für uns eine Herzensangelegenheit, Ihnen den Aufenthalt in unserer Kurklinik so angenehm wie möglich zu machen.
5. Sie können ganz sicher sein, bei uns mit den besten Hydrotherapien verwöhnt zu werden.
6. Kneipp behauptet, viele Patienten durch seine Wasseranwendungen geheilt haben zu können.

b Ergänzen Sie die Regel.

Absicht   dieselbe   Ergänzung   Infinitiv   Hauptsatzes   Objekt   Präteritum   Subjekt   Subjekts

Infinitivsätze ersetzen einen *dass*-Satz, um eine Doppelung des (1) _____ zu vermeiden.

Infinitivsätze stehen nach bestimmten Verben der (2) _____, der Erlaubnis und des

Gefühls. Eine Infinitivkonstruktion kann auch folgen, wenn sich die (3) _____ im Haupt-

satz und das logische (4) _____ im Infinitivsatz auf (5) _____ Person

beziehen. In der Vergangenheit wird der (6) _____ mit Modalverb selten verwendet.

Bevorzugt werden *dass*-Sätze mit Modalverb im (7) _____. Infinitivkonstruktionen sind

nur möglich, wenn ein Subjekt oder ein (8) _____ des (9) _____ mit

dem Subjekt des *dass*-Satzes identisch ist.

Grammatik

c Formen Sie, wenn möglich, die *dass*-Sätze in Infinitivkonstruktionen um.

1. Die Krankenkassen fordern die Menschen dazu auf, dass sie mehr für ihre Gesundheit tun.
2. Für die Patienten ist es wichtig, dass sie über alternative Behandlungsmethoden aufgeklärt werden.
3. Kneipp war der Ansicht, dass er Körper und Seele des Menschen als eine Einheit behandeln musste.
4. Viele Patienten bestätigen, dass sie durch Kneipp-Kuren geheilt worden sind.
5. Die wichtigste Erkenntnis Kneipps ist, dass er die heilende Kraft des Wassers wiederentdeckt hat.
6. Kneipp hatte an sich selbst beobachtet, dass er sich durch Bewegung vor Krankheiten schützen konnte.
7. Aber es stimmt auch, dass man beim Sport moderat vorgehen sollte.

d Welche der folgenden Sätze können nicht in Infinitivsätze umgewandelt werden? Kreuzen Sie an.

☐ 1. Es ist schade, dass du nicht mit zur Kneipp-Kur gekommen bist.

☐ 2. Es war wirklich wichtig für mich, dass ich diesen Wellness-Urlaub gemacht habe.

☐ 3. Ich bin mir sicher, dass ich dadurch eine neue Lebensqualität entdeckt habe.

☐ 4. Und ich habe erkannt, dass Wellness viel mehr als nur Entspannung bedeutet.

11 Gesundheit durch Wasser. Bilden Sie Infinitivsätze, wenn nötig, mit dem Indefinitpronomen *man*.

1. sich angewöhnen sollen – auf ausreichende Wasserzufuhr achten

   _____

2. nachgewiesen haben – dadurch Krankheitsrisiken verringern können

   _____

3. vielfältige Möglichkeiten geben – durch Wasser heilen (Passiv)

   _____

4. darauf achten müssen – Dehydrierung vermeiden

   _____

5. besonders für alte Menschen wichtig sein – bei Vermeidung von Dehydrierung unterstützen (Passiv)

   _____

Modul 3 **12a Konnektoren. Ordnen Sie die elf Konnektoren aus der Wortschlange in die Tabelle ein.**

START

fallsfolglichdennochsodassdeshalbinfolgesofernsonsttrotzdemwennwennnicht

Bedingung	Folge	Gegensatz

b Nominalform und Verbalform. Durch welche konditionalen Konnektoren aus 12a können diese Präpositionen ersetzt werden?

bei + Dativ: _____, _____, _____

ohne + Akkusativ: _____ _____

48

13a Die Verbraucherzentrale. Bilden Sie Sätze in der Nominalform.

1. Wenn Sie an der Qualität bestimmter Lebensmittel zweifeln, können Sie sich bei der Verbraucherzentrale Rat holen.
2. Falls auf einer Verpackung die Inhaltsstoffe des Produkts nicht eindeutig angegeben werden, können diese Produkte für Allergiker ein Risiko darstellen.
3. Auch wenn Sie bezüglich gentechnisch veränderter Nahrungsmittel verunsichert sind, können Sie sich an die Verbraucherzentrale wenden.
4. Falls Imitate nicht korrekt gekennzeichnet sind, kann man von Verbrauchertäuschung ausgehen.
5. Sofern Ware nach Gewicht oder Volumen angeboten wird, muss der Grundpreis angegeben werden.
6. Wenn nicht häufig Stichproben gemacht werden würden, gäbe es sicher noch mehr Mogelpackungen.

b Formen Sie die folgenden Sätze in die Verbalform um.

1. Bei Vortäuschung größerer Füllmengen durch die Verpackung handelt es sich um eine sogenannte Mogelpackung.
2. Ohne den Aufdruck des europäischen Bio-Logos können wir nicht sicher sein, dass es sich um Produkte aus biologischem Anbau handelt.
3. Bei weniger Fleischkonsum ernähren wir uns nicht nur gesünder, sondern tun auch etwas für den Klimaschutz.
4. Ohne die Aufdeckung zahlreicher Lebensmittelskandale gäbe es sicher weiterhin kein so strenges Überwachungssystem, wie wir es heute kennen.

14 Alles Bio. Ergänzen Sie *bei, beim, ohne* oder *wenn* und bilden Sie dann Infinitivkonstruktionen oder, wenn diese nicht möglich sind, *dass*-Sätze aus den Sätzen in Klammern.

1. Besonders _____ Kauf von Fleisch sollte darauf geachtet werden, (Fleisch aus kontrollierter Tierhaltung kaufen).

   _____

2. _____ wir Bio-Lebensmittel kaufen, können wir davon ausgehen, (diese weniger mit Pestiziden belastet sein).

   _____

3. _____ Konsum von regionalen Lebensmitteln können wir sicher sein, (einen Beitrag zum Umweltschutz leisten).

   _____

4. _____ eine gesetzlich gesicherte Regionalkennzeichnung kann nicht garantiert werden, (Obst und Gemüse tatsächlich aus der Region stammen).

   _____

5. _____ wir vermehrt unverpackt einkaufen, gelingt es uns vielleicht, (den ständig wachsenden Müllberg reduzieren).

   _____

15 Mein Text. Deutschland ist eine weitgehend gentechnikfreie Zone, während in vielen anderen Ländern der Welt genverändertes Soja und genveränderter Mais angebaut werden. Recherchieren Sie, wie das in Ihrem Land ist, und schreiben Sie einen Artikel für eine deutsche Zeitung. Führen Sie Argumente pro und contra Gentechnik in der Lebensmittelproduktion an und gehen Sie auch auf die Situation in Ihrem Heimatland ein. (ca. 200 Wörter)

Leseverstehen (Lesetext 1, ca. 10 Min.)

Informationen rund um die Gesundheit

Sie suchen für einige Bekannte Informationen rund um die Gesundheit. Lesen Sie die Anzeigen in der Universitätszeitung. Schreiben Sie den Buchstaben für die passende Anzeige in das Kästchen rechts. Jede Anzeige kann nur einmal gewählt werden. Es gibt nicht für jede Situation eine passende Anzeige. Gibt es für eine Situation keinen passenden Text, dann schreiben Sie den Buchstaben I.

Der Text aus dem Beispiel kann nicht mehr gewählt werden.

Sie suchen Informationen für ...

(01)	... eine Studienfreundin, die nicht gern in der Mensa isst.	*A*	(01)
(02)	... einen Studenten, der sich dafür interessiert, wie die Selbstheilungskräfte des menschlichen Körpers funktionieren.	*I*	(02)
1.	... eine Studienfreundin, die erfahren möchte, welche Teesorten gut gegen Schlafstörungen sind.		1
2.	... eine Studentin der Ökologischen Agrarwissenschaften, die eine Seminararbeit über nachhaltige Lebensmittel schreibt.		2
3.	... eine Studentin, die über das unterschiedliche Alterungsmuster bei Männern und Frauen referieren möchte.		3
4.	... einen Medizinabsolventen, der sich auf das Thema *Arzt-Patienten-Kommunikation* spezialisieren möchte.		4
5.	... eine Studentin der Geschlechterforschung, die in einem Seminar eine Hausarbeit schreiben muss.		5
6.	... einen Studenten, der Verfahren zur Herstellung von Bio-Sprit vorstellen möchte.		6
7.	... einen Ökologie-Studenten, der Bodenveränderungen durch den Einsatz chemischer Dünger untersucht.		7
8.	... eine Studentin, die gesund abnehmen möchte.		8
9.	... einen Studenten, der sich für das Thema *Welternährung im 21. Jahrhundert* interessiert.		9
10.	... eine Medizinstudentin, die über das Älterwerden forscht.		10

Informationen rund um die Gesundheit

A

Studierende, die Wert auf selbst zubereitete Gerichte legen, finden auf *www.studium-ratgeber.de* viele praktische Tipps für den Speisezettel. Die Rezepte unserer Studentenküche sind gesund, preiswert, lecker und gelingen auf kleinstem Raum. Auch für Anfänger geeignet. Also es lohnt sich auf jeden Fall reinzuschauen!

B

In der Radiosendung *Wer wird älter* geht es um die Gründe für die unterschiedliche Lebenserwartung von Männern und Frauen. Der Berliner Genderwissenschaftler Dr. Kunze erläutert, dass neben den biologischen Unterschieden insbesondere Unterschiede im gesellschaftlichen Umfeld und in den Geschlechterrollen dafür mitverantwortlich sind, dass Frauen älter werden.

C

Man ist, was man isst ist nicht nur ein altes Sprichwort, sondern auch der Titel, unter dem Katharina Schumanns neuer Ratgeber erscheint. Schumann zeigt, wie eine gesunde Ernährung aussieht und wie wir unser Wohlbefinden steigern können. Das unentbehrliche Werk für alle, die gesund ihr Gewicht reduzieren und mehr Lebensqualität genießen wollen. Ab Anfang Juni im Buchhandel erhältlich.

D

Die Veranstaltung *Regional vor überregional* findet in der letzten Semesterwoche statt. Sie bietet Informationen darüber, was eine biologisch-dynamische Landwirtschaft ausmacht und wie bei Verzicht auf chemische Dünger die Bodenfruchtbarkeit und die Vitalität der Pflanzen gestärkt werden können. Der genaue Termin wird noch bekannt gegeben.

E

Wie beeinflussen die Worte und das Verhalten eines Mediziners den Erfolg einer Therapie? Inwiefern verbessert das gute Gespräch zwischen Arzt und Patienten den Heilerfolg? Was macht einen empathischen Arzt aus? Über diese Fragen wird in dem Interview mit dem Placeboforscher Dr. Tom Berger in der Radiosendung *Die Heilkraft des Nichts* diskutiert.

F

Die Vortragsreihe *Bioenergie vom Acker* geht auch im Sommersemester weiter. Auf folgende wichtige Fragen soll eingegangen werden: Ist Bio-Sprit wirklich Bio? Wie viel Ackerland wird weltweit für den Anbau von Biospritpflanzen vernichtet? Kann die Hungerkatastrophe in den ärmsten Ländern der Welt noch vermieden werden? Eine Vortragsreihe für interessierte Studierende aller Fachbereiche.

G

Das Lexikon der Heilkräuter von Horst Preuße und Karin Dietrich bietet Informationen über die gängigsten Heilkräuter im europäischen Raum, deren Anwendung, Wirkung und Anwendungsbeschränkungen. Mit zahlreichen Bildern, Rezepten und Erfahrungsberichten.

H

Prof. Dr. Jana Lindner stellt in ihrem Vortrag *Alter und Altern* die aktuellen Erkenntnisse der Altersforschung vor. Sie referiert über primäres und sekundäres Altern. Unter anderem geht sie der Frage nach, inwieweit der Mensch auf das biologische Alter der Zellen Einfluss nehmen und das Erkrankungsrisiko verringern kann.

Recht so !

Auftakt **1** Vergehen, Verbrechen, Straftaten. Lösen Sie das Kreuzworträtsel.

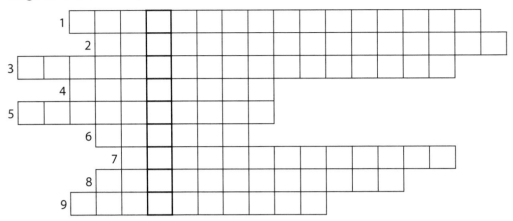

ä = ae, ö = oe, ü = ue, ß = ss

1. Unerlaubtes Kopieren von markengeschützter Ware
2. Unter Vortäuschung falscher Tatsachen eine Eheschließung herbeiführen, um sich zu bereichern
3. Zerstörung von fremdem Eigentum
4. Gewaltsames Eindringen in ein Gebäude
5. Jemandem mit etwas drohen, um sich selbst zu bereichern
6. Absichtlich lügen oder etwas vortäuschen, um sich einen finanziellen Vorteil zu schaffen
7. Entwendung von fremdem Eigentum unter Anwendung von Gewalt
8. Einen Unfall verursachen und sich sofort vom Unfallort entfernen, ohne sich zu identifizieren
9. Wenn man z.B. die Unterschrift einer anderen Person auf einem Scheck kopiert oder ein antikes Möbelstück so kopiert, dass es wie das Original aussieht

Lösungswort: _____

2 Komposita mit *Straf-/-strafe*. Ergänzen Sie die Mindmap.

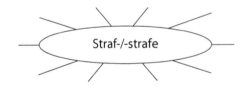

3 Was sagt das Gesetz? Ergänzen Sie die Definition.

bedeutet	Beschädigung	Eigentum	Sache	strafbar
Strafe	Strafgesetzbuch	Vergehen	Versuch	vorausgesetzt

In §303 (1) _____ (StGB) wird das (2) _____ geregelt,

bei dem die vorsätzliche (3) _____ oder Zerstörung einer fremden Sache unter

(4) _____ steht. Es wird dabei (5)_____, dass die

beschädigte (6) _____ „fremd" ist, das (7) _____,

dass sie nicht allein das (8) _____ des Täters ist. Auch der

(9) _____, diese Tat zu begehen, ist (10) _____.

Um welches Vergehen aus 1 handelt es sich? _____

Modul 1 **4** **Einen Täter festnehmen. Was passt zusammen? Ordnen Sie zu.**

1. ____ einen Tresor
2. ____ einen Dieb
3. ____ ein Urteil
4. ____ einen Einbruch

5. ____ die Polizei
6. ____ nach Tätern
7. ____ in einem Fall
8. ____ vor Gericht

a alarmieren
b aussagen
c ermitteln
d fahnden

e fällen
f fassen
g knacken
h melden

Modul 2 **5** **Jugendsünden und Jugendstrafen?! Lösen Sie das Silbenrätsel.**

BE	EN	FÄLL	GE	HEIT	IG	KÖR	LETZ	MITTEL	PER	SETZ
STRAF	TÄUB	TRUNK	UNG	UNG	UNGS	VER	VER	WARN		

1. Wenn man die Gesundheit einer Person schädigt: _____
2. Wenn man mit Drogen handelt, verstößt man dagegen: _____
3. Das Fahren unter Einfluss psychoaktiver Substanzen: _____ im Verkehr
4. Eine Straftat begangen haben und bestraft worden sein: _____ geworden sein.
5. Das mildeste Zuchtmittel im Jugendstrafrecht: _____

Modul 3 **6a** **Justitia. Welches Wort passt nicht in die Reihe? Streichen Sie durch.**

1. ein Gesetz   ändern – beschließen – erlassen – mithalten – verabschieden
2. einen Gesetzesvorschlag ablehnen – ausarbeiten – diskutieren – erbringen
3. das Gesetz   beachten – brechen – einhalten – lösen – missachten
4. Vorschriften   achten – durchsetzen – einhalten – entlassen – verletzen

b **Erklären Sie folgende Wörter mit Ihren eigenen Worten.**

1. gesetzlich   _____
2. der Gesetzgeber   _____
3. gesetzestreu   _____
4. die Gesetzesvorlage _____

Modul 4 **7** **Rund um den Krimi. Ordnen Sie die Wörter aus dem Kasten in die Tabelle ein. Ergänzen Sie die Artikel.**

Agentenroman Betrug Detektivgeschichte Eifersucht Entführung Ermittler
Erpressung Erzähler Existenzangst Geiselnahme Habgier Hass Kommissar Leidenschaft
Mörder Opfer Privatdetektiv Polizeihauptmeister Psychopath Rache Raubüberfall
Regionalkrimi Täter Thriller Totschlag Wirtschaftskrimi Zeuge

Genres	Figuren	Verbrechen	Motive

Redemittel

8a Einen Standpunkt vertreten und widersprechen. Die folgenden Redemittel enthalten ein falsches Wort. Streichen Sie es und schreiben Sie das richtige Wort auf die Zeile rechts. Welche Redemittel gehören zu *einen Standpunkt vertreten* (S), welche zu *widersprechen* (W)? Notieren Sie links.

_____ 1. Ich möchte beobachten, dass …　　　　1. _____

_____ 2. Das ist eine gängige Sprechweise, aber …　　2. _____

_____ 3. Ich bin der Angabe, dass …　　　　　3. _____

_____ 4. Das Problem hat mehrere Anzeichen …　　4. _____

_____ 5. Da möchte ich widerspiegeln …　　　　5. _____

_____ 6. Einerseits kann man besichtigen, dass …　6. _____

_____ 7. So einseitig kann man das nicht setzen, denn …　7. _____

_____ 8. Andererseits darf man nicht unterbringen, dass …　8. _____

_____ 9. Für mich ist ganz klassisch, dass …　　9. _____

b Schwarzfahren (Benutzen eines öffentlichen Verkehrsmittels ohne gültigen Fahrschein): Jugendsünde oder Ordnungswidrigkeit? Vertreten Sie in fünf Sätzen Ihren Standpunkt.

9a Strategien für das Schreiben einer Zusammenfassung. Was ist richtig? Kreuzen Sie an.

☐ 1. Sie sollten die wichtigsten Aussagen wortwörtlich aus dem Text abschreiben.

☐ 2. Achten Sie darauf, die Sätze in einer sinnvollen Reihenfolge miteinander zu verknüpfen.

☐ 3. Eine Zusammenfassung sollte sehr ausführlich und länger als der Originaltext sein.

☐ 4. Auch wenn man den Originaltext nicht kennt, muss die Zusammenfassung verständlich sein.

☐ 5. Die Zusammenfassung sollte in Einleitung, Hauptteil und Schluss gegliedert sein.

b Einen Text zusammenfassen. Was passt nicht in die Reihe? Streichen Sie durch.

1. In dem Text geht es um das Thema … – Der Text befasst sich mit dem Thema … – Der Text erwischt das Thema … – Der Text behandelt das Thema …
2. Es wird beschrieben – dargelegt – erklärt – erläutert – ernannt …
3. Zuerst – Zunächst – Zu Beginn – Zufällig wird dargestellt …
4. Dann – Danach – Irgendwie – Anschließend – Im Anschluss wird erläutert …
5. Folgendes Beispiel wird angeführt – aufgebracht – genannt – vorgebracht – gegeben …
6. Die Beispiele beweisen – beglaubigen – offenbaren – verdeutlichen – zeigen …
7. Laut … – Gemäß … – Nach Meinung von … – Im Gedanken an … – … zufolge …

10a Vorschläge machen. Suchen Sie in der Wortschlange sechs Redemittel, um Vorschläge zu machen.

WASHALTENSIEDAVONWENNWIRHGWIEFINDENSIEFOLGENDEIDEEOLHICHHATTEDENGEDANKENSUR
WÄRENSIEEINVERSTANDENWENNWIRFOLICHFÄNDEESGUTWENNHAPTICHWÜRDEVORSCHLAGENRA

1. _____　4. _____

2. _____　5. _____

3. _____　6. _____

b Sich einigen. Zwei Redakteure sollen sich für den neuesten Lokalkrimi aus der Eifel (eine ländliche Region südlich von Köln) auf ein Titelbild einigen. Ergänzen und markieren Sie die Redemittel und ordnen Sie den Dialog.

dagegen	davon	einig	geeignetsten	gute	halte
Idee	nachvollziehen	scheint	spricht	Standpunkt	vorschlagen

○ ____ a Der Leichenfund im Wald _____ natürlich für Foto A. Wie finden Sie denn folgende _____: Wir machen eine Fotocollage aus A und C.

○ ____ b Mir _____ in diesem Fall aber ein Bild am _____, das sofort Spannung aufbaut.

● ____ c Das _____ ich für eine wirklich gute Idee. Dann machen wir also eine Collage aus Foto A und C.

● ____ d Ja, den Einwand kann ich _____. Und was halten Sie _____, wenn wir Foto A nehmen, denn immerhin wird die Leiche ja in einem Wald gefunden.

○ ____ e Das halte ich für keine _____ Idee, denn das sähe dann doch zu sehr nach Reiseführer aus.

○ _1_ f Ich würde _vorschlagen_____, dass wir Bild C nehmen, denn dann erkennt man sofort, dass es sich um einen Krimi handelt.

○ ____ g Dann sind wir uns jetzt also _____, oder?

● ____ h Das klingt gut, aber _____ spricht, dass bei Bild C das Lokalkolorit des Krimis nicht zum Tragen kommt.

● ____ i Ich verstehe Ihren _____, aber wir dürfen nicht vergessen, dass dieser Krimi zur Eifel-Reihe gehört. Deshalb hatte ich den Gedanken, einen Ort aus der Eifel zu wählen.

dul 1+2 **11a Unpersönliches Passiv. Ergänzen Sie die Regel.**

eins	es	Hauptsatz	Nebensatz	Satzglied	anstelle	Subjekt

In Passivsätzen ohne (1) _____ steht das Pronomen (2) _____

(3) _____ des Subjekts. Wenn möglich, wird es durch ein anderes (4) _____

ersetzt, das dann in Position (5) _____ steht. Das Pronomen es steht nur im

(6) _____, nicht im (7) _____.

b Jugendliche und Gewalt. Bilden Sie aus den Aktivsätzen Passivsätze mit es.

1. Man fragt häufig nach den Ursachen für die zunehmende Gewalt unter Jugendlichen.
2. Man verweist auf die fatalen Einflüsse von Drogen und Alkohol bei jugendlichen Straftätern.
3. Man hebt auch die Rolle des Elternhauses hervor, da dieses großen Einfluss hat.
4. Man erwähnt auch die Suche nach Anerkennung, die Jugendlichen besonders wichtig ist.
5. Viele fordern ein härteres Jugendstrafrecht, um der zunehmenden Kriminalität entgegenzuwirken.

Grammatik

c Formen Sie die Sätze aus 11b so um, dass *es* durch ein anderes Satzglied ersetzt wird. Manchmal gibt es mehrere Möglichkeiten.

1. Häufig wird nach den Ursachen für die zunehmende Gewalt unter Jugendlichen gefragt. / Nach den Ursachen für die zunehmende Gewalt unter Jugendlichen wird häufig gefragt.

12a Prävention von Jugendkriminalität. Was muss getan werden? Bilden Sie Passivsätze mit dem Modalverb *müssen*.

1. *Es muss frühzeitig interveniert werden.* _____ (frühzeitig intervenieren)

2. _____ (die Eltern einbeziehen)

3. _____
_____ (Präventionskonzepte zielgruppenspezifisch entwickeln)

4. _____
_____ (mehr sport- und erlebnispädagogische Angebote schaffen)

5. _____
_____ (Präventionsarbeit ressortübergreifend vernetzen)

6. _____
_____ (soziale Kompetenzen und Reflexionsbereitschaft fördern)

b Was hätte alles getan werden müssen, um Jugendkriminalität in Großstädten vorzubeugen? Ergänzen Sie mit den Sätzen aus 12a im Passiv Konjunktiv II der Vergangenheit.

1. Experten weisen darauf hin, dass frühzeitig hätte interveniert werden müssen.

2. Sozialarbeiter sind sich sicher, _____

3. Projektleiter denken, _____

4. Den Schulen wird vorgeworfen, _____

5. Viele Politiker sind sich einig, _____

6. Alle Verantwortlichen meinen, _____

Modul 3 **13a** Absurde Gesetze. Bei welchem der nachfolgenden Sätze handelt es sich um ein modales Partizip? Kreuzen Sie an.

☐ 1. Die noch in der hessischen Verfassung aufgeführte Todesstrafe bei besonders schweren Verbrechen wird durch Artikel 32 des Grundgesetzes außer Kraft gesetzt.

☐ 2. Im Gleichschritt über eine Brücke marschierende Menschen begehen laut Straßenverkehrsordnung, Paragraph 27, Absatz 6, eine Ordnungswidrigkeit.

☐ 3. Eine zu beachtende Bekleidungsregel laut Straßenverkehrsordnung besagt, dass man zwar nackt Autofahren, aber nicht unbekleidet aus dem Auto aussteigen darf.

b Regeln, Regeln, Regeln. Was bedeuten diese modalen Partizipien? Bilden Sie Relativsätze.

1. oft schwer zu verstehende Gesetzestexte _____

2. der kaum zu überschauende Gesetzesdschungel _____

3. viele nicht nachzuvollziehende Vorschriften _____

4. unendlich viele zu beachtende Regeln _____

c **Formen Sie die Relativsätze in modale Partizipien um.**

1. Gesetzeslücken, die nur schwer geschlossen werden können

   _____

2. das Bußgeld, das noch bezahlt werden muss

   _____

3. die Mittagsruhe, die unbedingt eingehalten werden muss

   _____

4. Entscheidungen, die unbedingt getroffen werden sollten

   _____

14 **Engpässe an deutschen Gerichten. Partizip I, Partizip II oder Modalpartizip? Formen Sie die Relativsätze in Partizipien um.**

1. Den Zeitungen zufolge wurden wegen der Gerichte, die notorisch überlastet sind, und der Hindernisse bei den Gerichtsverfahren, die kaum zu überwinden sind, Verbrecher, die wegen schwerer Straftaten angeklagt waren, vorzeitig aus der U-Haft entlassen.
2. Eine Flut von Verfahren, die kaum bewältigt werden kann, überschwemmt jährlich die deutschen Gerichte, die ohnehin schon durch Personalmangel überfordert sind.
3. Nach Meinung einiger Politiker seien oft auch Bagatelldelikte, die endlich entkriminalisiert werden sollten, ein Grund für Strafverfahren, die sich verzögern.
4. Ihrer Meinung nach könnten die Richter, die notorisch überlastet sind, den schweren Straftaten, die effektiv bekämpft werden sollten, nicht genügend Zeit widmen.

1. Den Zeitungen zufolge wurden wegen der notorisch überlasteten Gerichte und der kaum zu überwindenden Hindernisse bei den Gerichtsverfahren, wegen schwerer Straftaten angeklagte Verbrecher vorzeitig aus der U-Haft entlassen.

15 **Anzeige gegen Unbekannt wegen Diebstahl. Ergänzen Sie die Verben in der richtigen Form. Achten Sie auf Aktiv und Passiv.**

Am 14.6. gegen 16.00 Uhr (1. stehen) _____ ich mit meiner (2. zahlen) _____ Ware in der

Schlange an der Kasse im Drogeriemarkt am Hauptbahnhof, als ich (3. bemerken) _____, dass an

meiner Handtasche (4. ziehen) _____. Kaum (5. umdrehen) _____ ich

mich _____, (6. feststellen müssen) _____ ich _____, dass meine Handtasche

(7. entwenden)_____. Von weitem (8. sehen) _____ ich, wie ein Mann –

Beschreibung (9. beiliegen) _____ – zur Tür (10. laufen) _____. Ohne vom Sicherheits-

personal (11. aufhalten) _____, (12. entkommen können)

_____ der (13. flüchten) _____ Mann _____. Der Vorgang

(14. beobachten) _____ von mehreren Zeugen _____. Dass Taschendiebe

nicht leicht (15. fassen) _____ Täter sind, ist eine schwer (16. widerlegen) _

_____, dennoch (17. erstatten) _____ ich hiermit Anzeige gegen Unbekannt.

16 **Mein Text. In einem deutschen Ausflugslokal sind Sie nicht bedient worden, weil Sie Ausländer/in sind. Nun möchten Sie Strafanzeige wegen Diskriminierung erstatten. Schreiben Sie an Ihre/n Rechtsanwältin/Rechtsanwalt, nennen Sie den Grund Ihres Schreibens, schildern Sie den Vorgang und bitten Sie um Rechtsbeistand.**

Test 9
DaF

Hörverstehen (Hörtext 2)

Sie hören ein Interview mit vier Gesprächspartnern über jugendliche Kriminelle und darüber, was man machen kann, um die Kriminalität zu senken.
Sie hören dieses Gespräch **einmal**.

Lesen Sie jetzt die Fragen 1–10.
Hören Sie nun den Text.
Entscheiden Sie beim Hören, welche Aussagen richtig, welche falsch sind.
Markieren Sie die passende Antwort.

Recht so!

	Richtig	Falsch	
(0) Hannes Wolfrath kommt aus Berlin und arbeitet als Straßenarbeiter jeden Tag mit Kindern und Jugendlichen.	x		(0)
1. Junge Menschen tendieren häufig dazu, zu weit zu gehen, und verstoßen dabei auch gegen das Gesetz.			1
2. Kinder lernen von ihren Eltern, dass man Konflikte mit Gewalt lösen kann.			2
3. Weitere Straftaten können verhindert werden, vorausgesetzt der Täter bekommt gleich nach der Straftat die Konsequenzen zu spüren.			3
4. Eine Studie ergab, dass Strafen grundsätzlich keine Auswirkungen darauf haben, in welchem Umfang Straftaten begangen werden.			4
5. Um Straftaten vorzubeugen, ist laut Frau Koops eine Kooperation zwischen zuständigen Behörden, Familien und staatlichen Einrichtungen notwendig.			5
6. Der Vertreterin der Polizei, Frau Marani, ist die Prävention wichtiger als Frau Koops.			6
7. Klaus Boers und Jost Reinecke konnten nachweisen, dass die meisten Jugendlichen mit der Zeit aus dem straffälligen Alter herauswachsen.			7
8. Jugendliche machen sich Gedanken darüber, was passieren würde, wenn sie von der Polizei erwischt würden.			8
9. Herr Wolfrath findet es faszinierend, wie Boers und Reinecke in ihrer Studie zu den Ergebnissen gelangten.			9
10. Frau Koops ist der Meinung, dass vor allem ein gesundes soziales Umfeld positiven Einfluss auf die Jugendlichen hat.			10

Mündlicher Ausdruck (Aufgabe 3)

In Ihrem Sozialkundeseminar sprechen Sie heute über die Internetkriminalität. Ihre Dozentin, Frau Dr. Hasslinger, hat eine Grafik mitgebracht, die persönliche Erfahrungen der Computernutzer mit dieser Art der Kriminalität zeigt. Frau Dr. Hasslinger bittet Sie, die Grafik zu beschreiben.

- Erklären Sie den anderen Kursteilnehmern zunächst den Aufbau der Grafik.
- Fassen Sie dann die Informationen der Grafik zusammen.

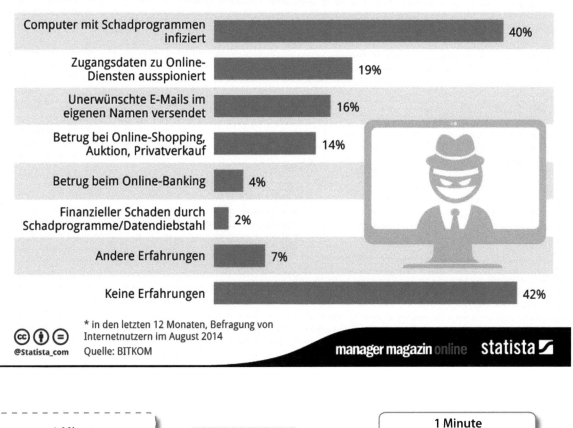

Die größten Gefahren für IT-Nutzer

Persönliche Erfahrungen mit kriminellen Vorfällen im Internet (in %)*

Computer mit Schadprogrammen infiziert	40%
Zugangsdaten zu Online-Diensten ausspioniert	19%
Unerwünschte E-Mails im eigenen Namen versendet	16%
Betrug bei Online-Shopping, Auktion, Privatverkauf	14%
Betrug beim Online-Banking	4%
Finanzieller Schaden durch Schadprogramme/Datendiebstahl	2%
Andere Erfahrungen	7%
Keine Erfahrungen	42%

* in den letzten 12 Monaten, Befragung von Internetnutzern im August 2014
Quelle: BITKOM

@Statista_com

manager magazin online   statista

---

1 Minute	...	1 Minute 30 Sekunden
Sie: Vorbereitungszeit	**Frau Dr. Hasslinger:**	**Sie:** Sprechzeit

Du bist, was du bist

1 **Der Mensch. Übersetzen Sie folgende Wörter in Ihre Muttersprache.**

1. der Mensch _____
2. die Menschheit _____
3. menschlich _____
4. die Menschenwürde _____

5. die Menschenverachtung _____
6. der Stadtmensch _____
7. der Gefühlsmensch _____
8. der Unmensch _____

2a **Bilden Sie Nomen zu den Adjektiven. Vergessen Sie nicht die Artikel.**

1. aufrichtig _____
2. ängstlich _____
3. deprimiert _____
4. ehrlich _____
5. empfindsam _____

6. furchtsam _____
7. froh _____
8. gefühlvoll _____
9. glücklich _____
10. niedergeschlagen _____

b **Welche Adjektive haben eine ähnliche Bedeutung?**

a _1 + 4_   b _____   c _____   d _____   e _____

3a *Herz-/herz-.* **Bilden Sie Wörter mit Herz.**

Herzklopfen   *herzzerreißend*

b **Ein Herz und eine Seele. Redewendungen. Ergänzen Sie** *(das) Herz(en)* **oder** *(die) Seele* **in den folgenden Redewendungen. Welche Bedeutung hat die Redewendung? Ordnen Sie zu.**

1. _g_ sich _die_ _Seele_ aus dem Leib schreien
2. ____ mit Leib und _____ dabei sein
3. ____ jemandem _____ _____ brechen
4. ____ jemandem _____ _____ aus dem Leib fragen
5. ____ jemandem blutet _____ _____
6. ____ jemandem rutscht _____ _____ in die Hose
7. ____ _____ _____ baumeln lassen
8. ____ eine _____ von Mensch sein
9. ____ schweren _____ etwas tun
10. ____ jemandem aus _____ _____ sprechen
11. ____ alle _____ im Sturm erobern
12. ____ ihre Worte kamen von _____

a etwas aufrichtig meinen
b etwas nur sehr ungern machen
c sich entspannen
d genau das sagen, was jemand empfindet
e mit Begeisterung bei einer Sache sein
f ein sehr guter Mensch sein
g sehr laut und verzweifelt schreien
h jemanden penetrant aushorchen
i voller Mitleid sein
j jemandem Liebeskummer bereiten
k plötzlich Angst bekommen
l schnell bei allen beliebt sein

Modul 1 **4** **Erkenntnisse aus der Alltagsforschung. Ersetzen Sie die unterstrichenen Wörter durch ein anderes Wort.**

Bei schlechtem Wetter können wir uns Dinge besser (1) merken. Um diese Behauptung (2) abzusichern, machte Joseph Forgas von der Universität New South Wales in Australien ein Experiment. 73 Kunden eines Zeitungsgeschäfts sollten zehn Dinge (3) behalten, die auf dem Verkaufstisch gestanden hatten. Das Ergebnis war (4) unmissverständlich: Teilnehmer, die an regnerischen Tagen (5) interviewt wurden, konnten dreimal so viel Gegenstände (6) aufzählen, als jene, die bei Sonnenschein befragt wurden. Das (7) bekräftige den Verdacht, dass das Wetter unser Gedächtnis wirklich (8) bestimme.

1. _____
2. _____
3. _____
4. _____
5. _____
6. _____
7. _____
8. _____

Modul 2 **5a** **Der kleine Unterschied. Ergänzen Sie den Text mit den Wörtern aus dem Kasten.**

Aggression	Chromosom	Gehirnhälfte	Konfliktsituationen	Kontakte
Sprachvermögen	Unterschiede	verbal	Verhaltensweisen	Vorstellungskraft

Sollte wirklich ein kleines (1) _____ eine so große Rolle spielen und ausschlag-

gebend für die geschlechtsspezifischen (2) _____ zwischen Mann und Frau sein?

Laut Professor Stolte kann man schon bei Kindern unterschiedliche (3) _____

feststellen. So pflegten Mädchen in einer Gruppe engere (4) _____ als Jungen

und versuchten in (5) _____ eher (6) _____ zu über-

zeugen, während Jungen sich durch (7) _____ durchzusetzen versuchten.

Auch seien bei Mädchen die rechte und die linke (8) _____ intensiver vernetzt,

weshalb sie über ein besseres (9) _____ verfügten, im Gegensatz dazu sei bei

Jungen die räumliche (10) _____ besser ausgeprägt.

b **Worauf begründen sich geschlechtsspezifische Verhaltensweisen? Was ist Ihre Meinung? Schreiben Sie einen kurzen Kommentar.**

Modul 4 **6** **Kinderjahre … Erziehungsjahre: Unterstützung geben. Was passt zusammen? Ordnen Sie zu.**

1. ____ Erfolge
2. ____ Grenzen
3. ____ Kontrolle
4. ____ Liebe
5. ____ Lob
6. ____ Neugierde
7. ____ Selbstbewusstsein
8. ____ Talente

a aussprechen
b ausüben
c geben
d feiern
e fördern
f setzen
g stärken
h wecken

7 **Erziehung. Ordnen Sie die Buchstaben und Sie erhalten Komposita mit Erziehung. Erklären Sie dann die Begriffe mit ihren eigenen Worten.**

1. seprch
2. knedri
3. vkehrers
4. bercegntiguh
5. mdeoeht
6. wnahfscisest
7. rtgeareb
-erziehung/Erziehungs-

Redemittel

Modul 2+4 **8a** **Erfahrungswerte. Bilden Sie mit den Wörtern aus dem Kasten vier Redemittel, um über eigene Erfahrungen zu berichten.**

ansehe	dann	dass	dass	erlebt	es	Familie	habe	habe	ich	ich	ich	in
ist	mein	meiner	meiner	nie	noch	Schulzeit	so	Umfeld	während	wenn	

1. _____

2. _____

3. _____

4. _____

b **Zustimmen oder ablehnen. Welches Wort passt? Kreuzen Sie an und ordnen Sie dann zu: Welche Redemittel gehören zu *Ablehnung* (A) oder *Zustimmung* (Z) ausdrücken?**

____ 1. Zu a das b dem c der Thema bin ich ganz a andere b anderer c anderes Meinung …

____ 2. a Das b Dem c Dessen könnte man a entfallen b entgegenbringen c entgegenhalten, dass …

____ 3. … halte ich a bei b für c von problematisch.

____ 4. Es ist doch a eher b näher c sehr so, dass …

____ 5. Ich a empfinde b fände c hielte es logischer, wenn …

____ 6. Mir ist völlig a undeutlich b ungewiss c unklar, ob …

____ 7. Ich a vergebe b vernehmen c vertrete auch die Position, dass …

____ 8. Die a Ansichtssache b Angesicht c Sichtweise würde ich unterstützen, denn …

c **Reagieren Sie auf folgende Aussagen mit den Redemitteln aus 8b.**

1. Mädchen sind von klein an die sozialeren Wesen.
2. Jungen sind einfach die besseren Naturwissenschaftler.
3. Wir werden nicht als Jungen oder Mädchen geboren, sondern so erzogen.
4. Dass unterschiedliches Rollenverhalten biologische Gründe haben soll, ist doch völliger Unsinn!

Modul 3 **9** **Etwas einschätzen. Ordnen Sie die Buchstaben der Redemittel und notieren Sie sie dann in der entsprechenden Spalte der Tabelle.**

Es behtest die Mökiihlcegt, dass … Ich bin zelimich shecir, dass … Ella Anehczein nesprech farüd, dass …

Ich nib ügruebzte, dass … Hic mehhn na, dass … Aslel detetu drfaua hin, dass …

Se sti dnekarb, dass … … Isäts vnumteer, dass … Zlfoleiews ist es so, dass …

Es ist nhict a lugensscssheo, dass … Eneteullv … Melrihiwceöseg …

Etwas ist sicher.	Etwas ist wahrscheinlich.	Etwas ist möglich.

Modul 4 **10** Jemanden unterbrechen. Formulieren Sie mit den vorgegebenen Wörtern Redemittel, um in einer Diskussion oder Debatte jemanden höflich zu unterbrechen.

1. (Entschuldigung – unterbrechen) _____.

2. (Bemerkung – Stichwort – kurz) _____.

3. (einhaken – dürfen – wenn) _____.

4. (dürfen – dazu – wenn – sagen) _____

5. (fallen – ins Wort – Verzeihung – wenn) _____

Modul 1+3 **11** Modalverben. Welche Bedeutung haben die Modalverben jeweils? Ordnen Sie zu.

Behauptung (2x)   Bitte   Empfehlung   Erlaubnis   Fähigkeit   Möglichkeit
moralische Pflicht   Pflicht   Vorschlag   Verbot   Vermutung (2x)   Wunsch

1. Ich kann sehr gut mit Kindern umgehen. _____

2. Ich kann meine Kinder nur jedes zweite Wochenende sehen. _____

3. Kannst du morgen auf mein Kind aufpassen? _____

4. Er könnte mit den Kindern in den Zoo gegangen sein. _____

5. Du darfst morgen mit den Kindern in den Zoo gehen. _____

6. Ich darf meine Kinder überhaupt nicht mehr sehen. _____

7. Man soll Kinder nicht zu streng erziehen. _____

8. Sie sollten Ihre Kinder weniger streng erziehen. _____

9. Soll ich morgen mit den Kindern in den Zoo gehen? _____

10. Ich muss morgen auf die Kinder meiner Schwester aufpassen. _____

11. Ich will meine Kinder auf jeden Fall antiautoritär erziehen. _____

12. Er soll eine schwere Kindheit gehabt haben. _____

13. Er dürfte von seinem Vater geschlagen worden sein. _____

14. Er will mit fünfzehn von zu Hause abgehauen sein. _____

Modul 1 **12a** Bei welchen der folgenden Sätze handelt es sich um eine Behauptung, die nicht überprüft werden kann? Kreuzen Sie an. Markieren Sie dann, ob es sich um *subjektive* (s) oder *objektive* (o) Modalverben handelt.

____ ☐ 1. Obwohl er so viel vor dem Fernseher hockt, will er ein kerngesunder Mensch sein.

____ ☐ 2. Ich will auf jeden Fall Herz-Kreislauf-Krankheiten vorbeugen und treibe deshalb viel Sport.

____ ☐ 3. Er soll durch die Ernährungsumstellung stark abgenommen haben.

____ ☐ 4. Er sollte versuchen, sich bewusst zu ernähren und nicht mehr vor dem Fernseher zu essen.

____ ☐ 5. Du sollst doch mehr lachen! Das ist gesund.

____ ☐ 6. Wenn man ein Lächeln auf den Lippen hat, soll das die Mitmenschen automatisch anstecken.

____ ☐ 7. Er will sich bei schlechtem Wetter sehr viele Dinge einprägen können, weshalb er bei Regen immer Vokabeln lernt.

b Bei welchen Sätzen aus 12a gibt eine Person wieder,

1. was sie gelesen oder gehört hat? _____   2. was jemand von sich selbst sagt? _____

c Welche der folgenden Sätze sind *Aktiv objektiv* (Ao), *Aktiv subjektiv* (As), *Passiv objektiv* (Po) oder *Passiv subjektiv* (Ps)? Notieren Sie.

_____ 1. Die Studenten haben an dem Experiment teilnehmen sollen.

_____ 2. Die Probanden sollen durch das Lächeln der anderen angesteckt worden sein.

_____ 3. Das Experiment hat durch Hirnscans wissenschaftlich untermauert werden sollen.

_____ 4. Besonders starke Reaktionen sollen die Studenten bei positiven Gefühlen gezeigt haben.

13 Farben in der Alltagsforschung. Formen Sie die folgenden Sätze in Behauptungen um. Benutzen Sie die Modalverben *sollen* und *wollen*.

1. Wissenschaftler von der Universität von British Columbia in Vancouver behaupten, dass sie mit über 600 Freiwilligen ein Experiment über die Farbe Blau durchgeführt haben.
2. Ergebnis der Studie war, dass die Farbe Blau die Kreativität fördert.
3. Dagegen behauptet eine Wissenschaftlerin von der Ludwig-Maximilians-Universität München bei ihren Experimenten bewiesen zu haben, dass die Farbe Grün den Einfallsreichtum der Menschen steigert.
4. US-Psychologen von der Universität von Rochester berichten, dass Menschen, die rote Sachen tragen, attraktiver auf ihre Mitmenschen wirken.
5. Sie sagen aber auch, dass mit ihrer Studie lediglich eine längst bekannte Wirkung von Rot untermauert worden sei.
6. Teilnehmer an einem anderen Experiment behaupten, dass sie beim Korrigieren mit einem Rotstift mehr Fehler gefunden haben als beim Korrigieren mit einem blauen Stift.
7. Psychologen ziehen daraus die Schlussfolgerung, dass Rotstifte den Lehrern mehr Autorität verleihen.
8. Laut einer Studie von Wissenschaftlerin von der Universität von Newcastle steht die Farbe Blau in der Beliebtheitsskala bei den Menschen ganz weit oben.

1. Wissenschaftler von der Universität von British Columbia in Vancouver wollen mit über 600 Freiwilligen ein Experiment über die Farbe Blau durchgeführt haben.

Modul 3 **14a Finden Sie zwölf Modaladverbien in der Wortschlange und ordnen Sie diese in die Tabelle ein.**

angeblichbestimmtdenkbareventuellgewissmöglicherweisesichervermutlichvielleichtwahrscheinlichwohlzweifellos

sicher	sehr wahrscheinlich	möglich

b Ordnen Sie nun die entsprechenden Modalverben zu.

15a Hochbegabtentest. Schreiben Sie den Text in Ihr Heft. Ergänzen Sie die Lücken und ersetzen Sie die unterstrichenen Adverbien durch Modalverben.

Durch sogenannte Hochbegabtentests __(1)__ man herausfinden, ob Kinder (2) <u>möglicherweise</u> überdurchschnittliche Fähigkeiten besitzen. Dabei __(3)__ die Kinder auch einen IQ-Test machen, wobei der IQ (4) <u>wahrscheinlich</u> nur einen Teil dessen ausmacht, was man als Hochbegabung bezeichnen __(5)__. Ein solcher IQ-Test ist (6) <u>sicher nicht</u> ausschlaggebend für das Erkennen einer Hochbegabung. Ein hochbegabtes Kind ist seinen Altersgenossen (7) <u>vermutlich</u> auch in sprachlicher, künstlerischer oder sportlicher Hinsicht voraus. Ehrgeizige Eltern, die wissen __(8)__, ob ihr Kind hochbegabt ist, tun ihren Kindern mit einem Hochbegabtentest (9) <u>vielleicht</u> nicht unbedingt etwas Gutes, denn diese sind (10) (<u>eventuell</u>) von der Situation überfordert. Auf jeden Fall aber ist (11) <u>wohl</u> allen klar, dass solche Tests nur von staatlich anerkannten Psychologinnen und Psychologen durchgeführt werden __(12)__.

b Begabtenförderung in der Schule. Formulieren Sie die folgenden Sätze um. Benutzen Sie dabei die Redemittel aus dem Kasten.

> Es ist höchstwahrscheinlich, dass … Es ist durchaus nicht sicher, dass … möglicherweise … zweifellos …

1. Viele Schüler könnten bessere Leistungen erbringen, wenn die Qualität der Lernaktivitäten verbessert würde.
2. Eine Kombination verschiedener Unterrichtsmethoden dürfte hierbei hilfreich sein.
3. Auch die außerschulische Förderung muss eine große Rolle bei der Entwicklung der Kinder spielen.
4. Aus hochbegabten Schülern müssen aber nicht unbedingt auch erfolgreiche Erwachsene werden.

16 Risiko-Kinder oder hochbegabt? Was passt? Kreuzen Sie an.

Hochbegabte Kinder gelten gemeinhin __(1)__ als schwierig oder sozial inkompetent. Dabei __(2)__ es sich um ein auch bei Lehrkräften weitverbreitetes Vorurteil handeln. Auch wenn das __(3)__ manchmal zutrifft, __(4)__ das nicht immer der Fall sein. Wenn Lehrkräfte Projekte zur Begabtenförderung ablehnen, __(5)__ das in ihrer eigenen Unsicherheit begründet sein. Oder sie fürchten __(6)__, als elitär eingestuft zu werden. Natürlich __(7)__ sich hochbegabte Kinder manchmal auffällig verhalten, weil sie sich oft __(8)__ unterfordert fühlen.

1. a denkbar
   b möglich
   c zweifellos

2. a darf
   b dürfte
   c sollte

3. a fast
   b fast sicher
   c vielleicht

4. a darf
   b muss
   c soll

5. a darf
   b könnte
   c sollte

6. a möglich
   b möglicherweise
   c zweifelsfrei

7. a dürfen
   b können
   c müssen

8. a eindeutig
   b einsichtig
   c einwandfrei

17 Mein Text. Gibt es ein Lied (oder ein Musikstück) aus dem deutschsprachigen Raum, das Ihnen besonders gefällt? Schreiben Sie einen Brief an einen Freund / eine Freundin und stellen ihm/ihr das Lied vor. Erzählen Sie auch, wann und wo Sie es für sich entdeckt haben und gehen Sie auch darauf ein, welche Emotionen dieses Lied bei Ihnen hervorruft.

Leseverstehen (ca. 60 Min.)

Lesen Sie den Text „Von Gummibärchen und Salat" im Lehrbuch in Modul 4 und lösen Sie die Aufgaben.

1. Stimmen folgende Aussagen mit dem Text überein (R) oder nicht (F)? Kreuzen Sie an.

		R	F
1.	Kindererziehung ist ein Thema, das gegenwärtig sowohl Pädagogen und Psychologen als auch Eltern und Lehrer beschäftigt.		
2.	Für ihre Entwicklung brauchen Kinder klare Ziele. Deshalb müssen sie stets beobachtet werden.		
3.	Gute Leistungen in der Schule garantieren später den beruflichen Erfolg.		

2. Welche Feststellungen machte die Leiterin des Forschungsverbandes Familiengesundheit der Medizinischen Hochschule Hannover Friederike Otto? Ergänzen Sie das Schema mit Informationen des Textes (Z. 23–43). Antworten Sie in Stichworten.

Feststellungen von Friederike Otto

Eltern von heute: _____

↓

↓

Kinder von heute: einem _____

_____ ausgesetzt als es ihre Eltern in der Kindheit waren

3. Erläutern Sie den Ausdruck „durchdringende Ökonomisierung der Gesellschaft" (Z. 48 f.) im Kontext. Antworten Sie in einem Satz und mit eigenen Worten.

_____

_____

_____

4. Welche gegensätzlichen Fähigkeiten müssen Kinder heute entwickeln? Antworten Sie in Stichworten.

• _____ versus _____

• _____ versus _____

• _____ versus _____

5. Wie sollten Eltern mit dem Dilemma umgehen, dass ihre Kinder gegensätzliche Fähigkeiten entwickeln sollen? Wozu raten ihnen a) Kinderpsychologe Michael Schulte-Markwort und b) Pädagogin Friederike Otto? Antworten Sie in einem bis zwei Sätzen und mit eigenen Worten.

a _____

_____

b _____

_____

6. Vervollständigen Sie den Satz, sodass er der Aussage des Textes entspricht.

Es ist beruhigend, dass _____,

obwohl _____.

7. Worauf beziehen sich die folgenden Verweiswörter?

a *ihr* (Zeile 11) _____ c *das* (Zeile 27) _____

b *darüber* (Zeile 16) _____ d *sie* (Zeile 43) _____

8. Was ist das Thema des Textes? Kreuzen Sie <u>ein</u> Thema an.

☐ a Erziehung gestern versus Erziehung heute ☐ d Wie gelingt Erziehung?

☐ b Kinder in der Schule ☐ e Wie bewältigt man Stress in der Schule?

☐ c Erziehung in der Wissenschaft ☐ f Erziehungsstile

9. Erklären Sie die Überschrift des Textes mit eigenen Worten. Antworten Sie in einem bis zwei Sätzen.

_____

_____

Mündlicher Ausdruck (Aufgabe 4)

An deutschen Schulen werden die Leistungen der Schüler grundsätzlich mittels Noten bewertet. Einige Bildungspolitiker fordern, dass diese abgeschafft werden. Im Pädagogik-Institut Ihrer Hochschule wird über das Thema „Abschaffung des Notensystems" diskutiert.

Die Diskussionsleiterin Frau Dr. Krämer fragt Sie nach Ihrer Meinung.

Nehmen Sie Stellung zu der Forderung, das Notensystem abzuschaffen.
· Wägen Sie Vorteile und Nachteile ab.
· Begründen Sie Ihre Zustimmung oder Ablehnung.

| 3 Minuten | ... | 2 Minuten |

Sie:
Vorbereitungszeit

Frau Dr. Krämer:

Sie:
Sprechzeit

Die schöne Welt der Künste

1 **Rund um die Kunst. Beschreiben Sie die folgenden Begriffe mit Ihren eigenen Worten.**

    das Atelier   die Leinwand   die Installation   der Pinsel   das Werk

2a **Gerhard Richter, ein deutscher Maler in seinen frühen Jahren. Ergänzen Sie den Text.**

Abmalen	Auktionshäusern	Ausdruck	Bewegung	Darstellungsweise	Farbe
Fotorealismus	Gemälde	konventionellen	Künstlern	Maltechnik	Pinsel	realistisch
reichsten	Schaffensphase	stilistisch	vorherrschend	Vorlage	Werke	zeitgenössischen

Gerhard Richter, 1932 in Dresden geboren, gehört zu den bedeutendsten (1) _____

(2) _____, für dessen (3) _____ in den

(4) _____ der Welt Preise in Millionenhöhe geboten werden, und er gilt als

einer der fünfhundert (5) _____ Deutschen. Dennoch hat er nie einer bestimmten

künstlerischen (6) _____ angehört. In seiner frühen (7) _____,

Anfang der 1960er-Jahre, nahm er belanglose Fotografien aus

Zeitschriften und Zeitungen als (8) _____ für

seine Bilder. Durch das simple (9) _____ von

Fotografien wollte er sich von der (10) _____

Kunst abgrenzen. Das Besondere an seiner (11) _____

damals war, dass er die noch feuchte Farbe mit einem trockenen

(12) _____ verwischte, was eine gewisse

Unschärfe entstehen ließ, die in jener Zeit diese ganz eigene rätselhafte (13) _____

seiner Malerei bestimmte. (14)_____ in den Gemälden jener Zeit war die

(15) _____ Grau, gleichsam als (16) _____ für die Aussagever-

weigerung. Obwohl Richter oft (17) _____ mit dem (18) _____

in Verbindung gebracht wurde, kann man seine (19) _____ keineswegs als

(20) _____bezeichnen.

b **Katharina Grosse, eine zeitgenössische Künstlerin. Ordnen Sie die Buchstaben.**

Katharina Grosse, geboren 1961 und Schülerin von Gerhard Richter, gehört zu den bedeutendsten Vertrete-

rinnen der (1, Gegennrswsktuat) _____. Statt eines (2, liPesns) _____

benutzt sie eine Spritzpistole. Auch malt sie nicht auf (3, Lweändnie) _____, sondern auf

Böden, Bäume, Wände und Zäune. Ihre (4, Mereali) _____ sprengt alle (5, aisenrhctkticehon)

_____ Schranken. Ihre riesigen (6, lealnatnistlon) _____ sind nicht

für die Ewigkeit gemacht; oft verschwinden sie, wenn eine (7, Austunlsegl) _____ abgebaut

wird. In ihrem (8, kreW) _____ setzt Grosse ganz gezielt die (9, Fbrae) _____ ein, die die

Gegenstände und (10, Mreietaalin) _____ optisch verändert. Schon als Studentin, sagt sie, sei sie

schockiert gewesen über die konventionellen Strukturen an der (11, Kaaindtmskeue) _____.

Nun hat sie sich einen Platz in der internationalen (12, Kentslwut) _____ erobert.

Modul 1 **2a** Brainstorming: Welche Begriffe verbinden Sie mit Kreativität? Ergänzen Sie die Mindmap in zwei Minuten.

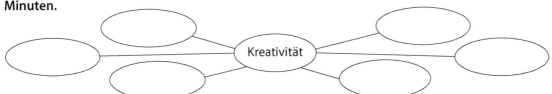

Kreativität

b Ideen und Kraft haben. Was passt zusammen? Bilden Sie Komposita.

1. ____ das Einfühlungs
2. ____ der Einfalls
3. ____ die Erfindungs
4. ____ der Ideen
5. ____ der Schöpfer
6. ____ die Vorstellungs

a gabe
b geist
c kraft
d reichtum
e reichtum
f vermögen

c Welches Verb passt? Ordnen Sie zu.

blamieren	entwickeln	haben	lösen	stecken	steigern

1. einen guten Einfall _____
2. neue Konzepte _____
3. die Kreativität _____
4. Probleme kreativ _____
5. in einer kreativen Krise _____
6. keine Angst haben, sich zu _____

Modul 3 **3** Bretter, die die Welt bedeuten*. Welches Verb passt? Kreuzen Sie an.

Beim Film, Fernsehen oder Theater ganz groß (1) [a] auszukommen [b] rauszukommen, davon (2) [a] träumen [b] überzeugen viele junge Menschen. Am Horizont (3) [a] sinkt [b] winkt die große Schauspielerkarriere, denken sie, doch leider (4) [a] entsagt [b] entspricht das nicht der Realität. Denn wer sich der Kunst (5) [a] vergibt [b] verschreibt, der muss mit einer unsicheren Zukunft (6) [a] rätseln [b] rechnen. Doch wer für die Kunst (7) [a] brennt [b] rennt, der (8) [a] geht [b] schreckt auch vor den harten Aufnahmeprüfungen nicht zurück. Hat man diese dann einmal (9) [a] gepasst [b] geschafft, (10) [a] durchfährt [b] durchläuft man eine Ausbildung, die einem sehr viel (11) [a] abverdient [b] abverlangt. Viele Schulen (12) [a] setzen [b] stehen mittlerweile auf eine möglichst breite Ausbildung, um ihren Absolventen gute Berufsmöglichkeiten zu (13) [a] packen [b] schaffen. Aber nur, wer es wirklich will, kann die enormen Schwierigkeiten (14) [a] aushalten [b] aushebeln. (*Bretter, die die Welt bedeuten = die Bühne)

Modul 4 **4a** Leseratten. Was kann man alles lesen? Finden Sie acht Wörter.

an – ar – be – brauchs – brief – bü – cher – co – ge – kel – koch – kri – le – man – mi – mic – nal – re – rei – richt – ro – se – ser – sung – ter – ti – tungs – wei – wör – zei – zept

1. _____
2. _____
3. _____
4. _____
5. _____
6. _____
7. _____
8. _____

b Welche Verben gehören nicht zum Wortfeld *lesen* im Sinne von „einen Text erfassen", „sich mit Texten befassen" oder „einen Text wiedergeben"? Streichen Sie durch.

ablesen auflesen belesen durchlesen erlesen gegenlesen handverlesen mitlesen überlesen vorlesen

c Wählen Sie fünf Verben aus 4b und bilden Sie Beispielsätze.

Redemittel

5a Ordnen Sie die Buchstaben und Sie erhalten Redemittel für die Beschreibung einer Grafik. Welche Redemittel gehören zu *auf Ähnlichkeiten verweisen* (Ä), *Unterschiede hervorheben* (U) oder *Überraschendes nennen* (Ü)? Markieren Sie.

_____ 1. Üncbsrerhaed sti eid Tchsaate, dass … _____

_____ 2. Guensao vählert se isch cahu bei … _____

_____ 3. … und … uheectindsern chis diceutlh veeninnoadr.

_____

_____ 4. Velrhegcit man … und …, enenkrt man große Ümumieetnrbngsien.

_____

_____ 5. Die Enrebsisge aus … dnis für chim sehr ühsrbceernad.

_____

_____ 6. Gzna adenrs sllett sich … dar. _____

_____ 7. Vireaegchblr tsi die Stotiauin mit … _____

_____ 8. Villög uen raw für mich … _____

b **Wie viele Minuten lesen Sie pro Tag?**

Machen Sie eine Umfrage in Ihrem Kurs / Ihrem Bekanntenkreis / an Ihrem Lernort. Unterscheiden Sie nach Geschlecht (männliche/weibliche Leser) und Altersgruppen (10–15 J. / 16 –19 J. / 20–25 J. / 26–40 J. / 40–65 J / +65 J.) und nach Lesestoff: Apps, E-Books/Bücher/Diverses/Kataloge, Anzeigen, Werbung/ Zeitungen, Zeitschriften/Fachtexte. Erstellen Sie eine Statistik und werten Sie diese mit den Redemitteln aus 5a aus.

6a **Eine Kurzbiografie schreiben. Ergänzen Sie den Text mit den Wörtern aus dem Kasten und bringen Sie dann die Kurzbiografie in eine logische Reihenfolge.**

| bedeutendsten | brach | deutschsprachigen | Deutschland | Durchbruch | erhalten | geboren |
| geworden | gilt | Glückwunsch | Humor | Kinder | Krimis | schreiben | subtile | wuchs | zeichnen |

_____ a Ihre Werke _____ sich durch einen bissigen _____ aus und in ihnen

_____ b mit ihren Eltern und Geschwistern nach _____ kam. Hier studierte sie,

_____ c Der _____ gelang ihr 1991 mit dem Roman „Der Hahn ist tot".

_____ d töten vor allem Frauen, und zwar auf perfide und _____ Weise.

_____ e Ingrid Noll gehört zu den _____ _____ Krimiautorinnen.

_____ f _____ aber ihr Studium ab, heiratete und fing erst an zu _____

_____ g Sie wurde 1935 in Shanghai (China) _____

_____ h Sie hat sie mehrere Auszeichnungen _____ und _____ als die deutsche „Patricia Highsmith".

_____ i Seither hat sie mehr als 13 _____ geschrieben.

_____ j Im September 2015 ist sie 80 Jahre alt _____. Herzlichen _____.

_____ k und _____ als Tochter eines deutschen Arztes Nanking auf, bis sie 1949

_____ l als ihre _____ aus dem Haus waren. Da war sie bereits über 55 Jahre alt.

b Ingrid Noll: Der Mittagstisch. Begriffe für eine Buchkritik. Finden Sie Synonyme.

1. die Burleske _____
2. oberflächlich _____
3. die Langeweile _____
4. die Protagonistin _____
5. das Lesen _____

6. das Buch _____
7. die Rubrik _____
8. der Thriller _____
9. das Szenario _____
10. kurzweilig _____

c Eine Buchbesprechung schreiben. Ergänzen Sie den Text mit Begriffen aus 6b. Welche Redemittel gehören zu *Genre nennen* (G), *Inhalt zusammenfassen* (I), *Bewertung abgeben* (B)?

____ 1. Auch in diesem _____ befördert eine ganz normale Frau einen Mann in Jenseits.

____ 2. Wieder ein köstlicher Krimi, ein _____, das Ingrid Noll perfekt beherrscht.

____ 3. Dennoch orientieren sich ihre Bücher nie wirklich am klassischen _____.

____ 4. Sie erzählt ganz normale Alltagsgeschichten, die trotz ihrer Tragik wie _____ wirken.

____ 5. Und gerade diese Leichtigkeit ist es, die ihre Bücher besonders _____ macht.

____ 7. _____ der Handlung ist ein illegales Restaurant in einem geerbten Häuschen.

____ 8. _____ dieses Romans ist die alleinerziehende Nelly.

____ 9. Die _____ von „Der Mittagstisch" macht Spaß, von Anfang bis Ende.

Modul 1

7a Schreiben Sie die Verben aus dem Kasten in die Tabelle und ergänzen Sie bei den Präpositionen, bei denen er nicht vorgegeben ist, den Kasus.

abhängen	sich ängstigen	ankommen	beruhen	bestehen	dienen
erwachsen	gelangen	helfen	hinauslaufen		unterstützen

1. auf + A	3. auf + D	5. aus	7. bei

2. in + D	4. von	6. vor + D	8. zu

b Kreativitätstechniken. Formen Sie folgende Sätze in die Nominalform um.

1. Kreativitätstechniken helfen uns dabei, schöpferisch zu denken und unterstützen uns dabei, möglichst viele Ideen zu entwickeln.
2. „Der beste Weg, gute Ideen zu erhalten, besteht darin, möglichst viele Ideen zu entwickeln", sagte schon der Nobelpreisträger Linus Pauling.
3. Denn Kreativitätstechniken laufen nicht darauf hinaus, die Qualität von Ideen zu steigern, sondern einfach mehr und andere Ideen zu produzieren.
4. Allerdings kommt es auch darauf an, ausdauernd zu sein, wenn man neue Ideen entwickelt.
5. Der Klassiker unter den Kreativitätstechniken ist das Brainstorming, eine Technik, die in vielen Bereichen dazu dient, erfolgreich Ideen zu finden.
6. Wichtig ist beim Brainstorming, dass man sich nicht davor ängstigt, sich zu blamieren.
7. Der Erfolg dieser Technik hängt natürlich auch davon ab, dass man den Mut dazu hat, frei seine Meinung zu äußern.
8. Oft erwachsen gute Ideen auch daraus, dass man die Ideen von anderen aufgreift.

1. Kreativitätstechniken helfen uns beim schöpferischen Denken …

Grammatik

c Kreativität und Stabilität. Formen Sie diesen Text in die Verbalform um.

1. Oft führen eher alltägliche Situationen zur Entwicklung von kreativem Denken, also Tätigkeiten, die nichts mit dem Erleben von Zwängen zu tun haben, wie z. B. Spazierengehen oder Tagträumen.
2. Ist das Loslösen von alten Denkstrukturen für die Kreativität unerlässlich?
3. Kreative Ideen ergeben sich immer aus der Verbindung von Altem und Neuem.
4. Dennoch besteht Kreativität natürlich im Überwinden von gewohnten Grenzen.
5. Und um kreativ zu sein, sollte man weder Angst vor Fehlern noch Scheu vor Ablehnung haben.

Modul 3 **8a Finden Sie zehn Konnektoren im Buchstabenrätsel und ordnen Sie diese in die Tabelle ein.**

D	A	R	A	U	F	H	I	N	O	Q	W	Y	B
P	L	W	T	G	E	R	U	F	H	L	Ä	H	D
K	L	M	I	T	T	L	E	R	W	E	I	L	E
G	L	E	I	C	H	Z	E	I	T	I	G	E	M
F	E	E	G	C	S	B	V	A	O	I	A	R	G
M	R	M	V	I	E	L	M	E	H	R	K	C	E
V	D	U	N	H	L	K	G	F	R	F	B	H	G
B	I	S	D	A	H	I	N	Ö	B	H	V	B	E
I	N	Z	W	I	S	C	H	E	N	M	L	U	N
A	G	T	P	A	T	R	K	L	D	W	A	F	Ü
B	S	T	A	T	T	D	E	S	S	E	N	T	B
T	Z	C	H	M	U	O	G	E	W	I	E	O	E
E	F	D	A	G	E	G	E	N	O	P	Q	P	R

Einschränkung:

_____

Gegensatz:

_____

_____

_____

_____

Zeit:

_____

_____

_____

_____

_____

b Ergänzen Sie die Regel.

| Adverb | Hauptsatz | eleganter | Konnektor (2x) | Subjekt (2x) | Texte | Verb (2x) |

Die Konnektoren aus 8a leiten immer einen (1) _____ ein. Sie funktionieren wie ein

(2) _____, deshalb ist die Wortstellung wie folgt: (3) _____ + (4) _____

+ (5) _____ oder (6) _____ + (7) _____ + (8) _____.

Konnektoren machen (9) _____ flüssiger und (10) _____.

c Berufswunsch: Künstlerin. Ergänzen Sie den Text mit den Konnektoren aus dem Kasten.

| Allerdings | Bis dahin | Gleichzeitig | Inzwischen | Stattdessen | Vielmehr |

Schon immer habe ich davon geträumt, Künstlerin zu werden. (1) _____ habe ich dann aber an-

gefangen, Kunstgeschichte zu studieren. (2) _____ habe ich einen Teilzeitjob als Museumspädago-

gin angenommen. Manche glauben, das sei sehr theoretisch, was ich nicht so sehe. (3) _____

kann ich dabei Theorie und Praxis wunderbar miteinander verbinden. (4) _____ kann ich mich

durch den Job gut über Wasser halten. (5) _____ ist es manchmal sehr anstrengend, Studium

und Job unter einen Hut zu bekommen. Vielleicht werde ich ja doch eines Tages als Künstlerin arbeiten.

(6) _____ aber versuche ich, das Beste aus meinem Studium zu machen.

9a Welche anderen Konnektoren, die einen Hauptsatz einleiten, kennen Sie? Ergänzen Sie die Tabelle.

Abfolge	Grund	Folge
Gegensatz	Ort	Zeit

b Welcher Konnektor passt nicht in die Reihe? Streichen Sie durch.

1. also – aus diesem Anlass – aus diesem Grund – darum – deshalb – deswegen – trotzdem
2. andererseits – dagegen – demgegenüber – im Gegensatz dazu – später – vielmehr
3. damals – dann – danach – davor – dorthin – gleichzeitig – zur gleichen Zeit – zuvor
4. an dieser Stelle – auf der anderen Seite – da – daher – dahin – dort – dorthin

10 Graffiti … Kunst? Welches Wort passt? Kreuzen Sie an.

Wir Sprayer hatten eigentlich gar nicht die __(1)__, Kunst zu machen. __(2)__ wollten wir nur unseren Protest in die Öffentlichkeit tragen. Eigentlich hat auch keiner von uns eine konventionelle Ausbildung, zum Beispiel an einer Kunstakademie, genossen, __(3)__ haben wir unsere Spraydosen genommen und haben alles Besprühbare besprüht. __(4)__ waren das vor allem U-Bahn-Waggons, Hauswände, Mauern und Unterführungen. __(5)__ wir uns immer am Rande der Legalität bewegten, wurden wir nicht nur immer kreativer, sondern unsere Projekte wurden auch immer gewagter.

__(6)__ haben wir unser Leben riskiert, um die unvorstellbarsten Orte zu besprühen. __(7)__ waren nicht nur die Orte, die wir gewählt haben, sondern auch unsere Techniken, ziemlich gefährlich. So gingen wir __(8)__ zu Künstlern, die nur im Atelier malen, so manches Risiko ein.

Aber wir wollten ja auch keine Bilder für das Museum schaffen, __(9)__ wollten wir unsere Umwelt auf anarchische und kreative Weise mitgestalten. Wie gesagt, bewegten wir uns immer am Rande der Legalität, __(10)__ sind wir auch heute noch nur unter Pseudonymen bekannt. __(11)__ sind viele von uns in internationalen Galerien vertreten und wir erzielen hohe Preise für unsere Werke. Hier in Deutschland waren wir Urban-Art-Künstler eher Spätzünder, in Frankreich __(12)__ haben sich schon früh ganz besondere Street-Art-Künstler hervorgetan.

1. a Absicht
   b Ansage
   c Ansicht

2. a Gleichzeitig
   b Vielmehr
   c Währenddessen

3. a demnach
   b später
   c stattdessen

4. a Da
   b Daher
   c Damals

5. a Da
   b Davor
   c Dorthin

6. a Andererseits
   b Schließlich
   c Trotzdem

7. a Außerdem
   b Dafür
   c Deswegen

8. a dagegen
   b im Gegensatz zu
   c zuvor

9. a dort
   b gleichzeitig
   c vielmehr

10. a da
    b deswegen
    c dorthin

11. a Dagegen
    b Mittlerweile
    c Schließlich

12. a also
    b dagegen
    c darum

11 Mein Text. An die Hauswand des Gebäudes, in dem Sie leben, sind Graffiti gesprüht worden, was zu einer Kontroverse unter den Hausbewohnern geführt hat, da die Hausverwaltung bisher nichts unternommen hat, um diese zu entfernen. Schreiben Sie entweder a) einen offenen Brief an die Hausgemeinschaft, in dem Sie die Graffiti verteidigen und Ihre Meinung mit Argumenten untermauern, oder b) einen Beschwerdebrief an die Hausverwaltung, in dem Sie Ihren Prostest gegen die Graffiti begründen. (ca. 120 Wörter).

Prüfungstraining

Test 12
DaF

Hörverstehen (Hörtext 3)

Sie hören ein Interview mit dem Buchkritiker Herrn Wirthensohn über die Kriterien, die man erfüllen muss, wenn man als Buchkritiker tätig sein möchte, und über seine eigenen Erfahrungen in diesem Beruf.
Sie hören dieses Gespräch **zweimal**.

Lesen Sie jetzt die Fragen 1–7.
Hören Sie nun den Text ein erstes Mal.
Beantworten Sie beim Hören die Fragen 1–7 in Stichworten.

Die Arbeit eines Buchkritikers

(0) Welche Ausbildung braucht man für den Beruf des Buchkritikers?	(0) Studium der Geisteswissenschaften
1. Welche Aspekte sind bei einer Buchkritik zu beachten? (Nennen Sie zwei Aspekte.)	1. _____
2. Welche Genres bespricht Herr Wirthensohn?	2. _____
3. Welchen zwei Literaturbereichen widmet sich Herr Wirthensohn am intensivsten?	3. _____
4. Wie kommt der Buchkritiker zu den Büchern, die er rezensiert?	4. _____
5. Woher kommen die Aufträge für Buchkritiken?	5. _____
6. Warum werden manche Bücher noch nachträglich besprochen?	6. _____
7. Was würde Herr Wirthensohn den Lesern zum Thema Buchverfilmungen empfehlen?	7. _____

Ergänzen Sie jetzt Ihre Stichwörter.
Hören Sie das Interview ein zweites Mal.

Zusatzaufgabe:

Welche der Fragen ist Ihnen am leichtesten und welche am schwersten gefallen? Begründen Sie Ihre Antwort und falls Sie in einer Gruppe arbeiten, vergleichen Sie Ihre Meinung.

Mündlicher Ausdruck (Aufgabe 6)

In Ihrem Seminar „Medienforschung und -analyse" geht es heute um das Thema „Die Akzeptanz des elektronischen Lesens". Ihre Dozentin, Frau Dr. Sennhaus, verteilt eine Grafik mit dem Titel „E-Books auf dem deutschen Buchmarkt" und bittet Sie nun, Ihre Überlegungen zu Gründen für die dargestellte Entwicklung und zur zukünftigen Entwicklung vorzutragen.

- **Nennen Sie mögliche Gründe für den Wandel des digitalisierten Buchmarktes in der Zeitspanne zwischen 2010 und 2012.**
- **Stellen Sie dar, welche Tendenzen Sie für die Zukunft erwarten.**
- **Begründen Sie Ihre Überlegungen anhand der vorliegenden Grafik.**

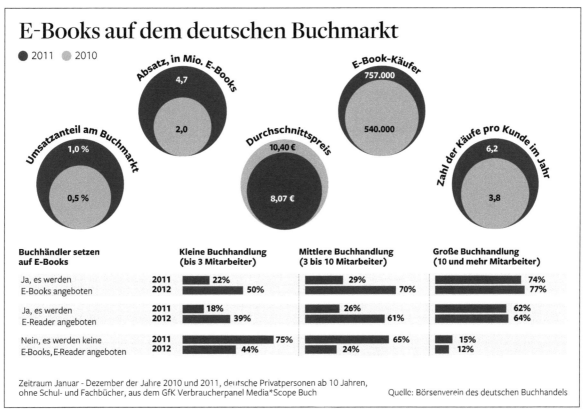

Sie:
Vorbereitungszeit

Frau Dr. Sennhaus:

Sie:
Sprechzeit

Erinnerungen

Auftakt **1a** Gibt es eine Person aus Ihrer Vergangenheit, an die Sie sich oft und gern erinnern? Wer? Warum? Erzählen Sie.

_____

_____

_____

b Gibt es irgendein Ereignis in Ihrem Leben, an das Sie sich nicht gern erinnern? Welches? Warum? Berichten Sie.

_____

_____

_____

2a Erinnern Sie sich? Lösen Sie das Kreuzworträtsel.

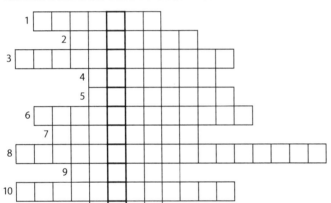

a = ae, ü = ue, ö = oe

Lösungswort: _____

1. Ein aus Erinnerung an eine Person oder ein Ereignis errichtetes Monument
2. Ein plötzlicher Gedanke, der einem in den Kopf kommt
3. Wenn jemand seine Memoiren schreibt, dann schreibt er seine .?.
4. Ausfall des Erinnerungsvermögens
5. Ein Gegenstand als Andenken an etwas
6. Eine sehr spontane Idee
7. Ein anderes Wort für Erinnerung
8. Wenn einem die Erinnerung an einen Vorgang fehlt, dann hat man eine …
9. Das biologische Zentrum für Assoziationen, Gedächtnis und Lernen
10. Ein anderes Wort für Neuronen
11. Vergesslich sein: ein Gedächtnis wie ein .?. haben
12. Ein anderes Wort für Gedächtniskraft

b Welche Mnemotechniken kennen Sie? Schreiben Sie eine E-Mail an einen Freund / eine Freundin und geben Tipps, mit welchen Techniken er/sie sich Dinge besser merken kann.

3 Ein gutes oder ein schlechtes Gedächtnis haben. Ergänzen Sie das passende Verb.

auffrischen	begleiten	behalten	bleiben	entfallen	gedenken
kommen	leiden	löschen	merken	rufen	trainieren

1. sich etwas ins Gedächtnis _____
2. jemanden in guter Erinnerung _____
3. dauerhaft im Gedächtnis _____
4. sich einfach nichts _____ können
5. in den Sinn _____
6. unter Gedächtnisschwund _____

7. die Erinnerung _____
8. seine Merkfähigkeit _____
9. jemanden in Gedanken _____
10. in einer Feier der Opfer _____
11. etwas ist einem plötzlich _____
12. etwas aus dem Gedächtnis _____

Modul 1 **4** Wie funktioniert unser Gedächtnis? Ergänzen Sie den Text mit den Wörtern aus dem Kasten.

Beschaffenheit	Bruchteile	besteht	dauerhaft	dringt … vor	eintreffende
entschlüsselt	gelangt	Hirns	Kurzzeitgedächtnis	Langzeitgedächtnis	
Nervenzellen	Netz	speichert	Verbindungen	verstärken	

Seit Anbeginn der Zeiten rätseln Philosophen und Forscher über die (1) _____ unseres Ge-

dächtnisses, aber noch längst ist die Sprache unseres (2) _____ nicht (3) _____.

Rein biologisch betrachtet (4) _____ unser Hirn aus etwa hundert Milliarden

(5) _____, die zu einem (6) _____ verbunden sind. Wenn wir etwas

Neues lernen und unser Gedächtnis dies (7) _____, dann (8) _____ sich

die (9) _____ zwischen bestimmten Neuronen. Das sensorische Gedächtnis speichert

(10) _____ Reize für (11) _____ von Sekunden. Was wichtig ist,

(12) _____ ins (13) _____. Ins (14) _____

(15) _____ nur _____, was wir (16) _____ behalten.

Modul 2 **5** Neurowissenschaftler Herr Professor Hans Joachim Jacobsen zum Thema „falsche Erinnerungen". In jeder Zeile gibt es einen Fehler. Korrigieren Sie.

Wenn wir uns erinnern, dann rekapitulieren wir sehr selektiv früher	1. _____
entnommene Informationen. Woran wir uns erinnern, hängt stark davon ab,	2. _____
wie unsere körperliche Verantwortung im Moment des Erinnerns ist.	3. _____
Unter falschen Erinnerungen versteht man Gedächtnisintrigen, die nicht	4. _____
einem vergangenen tatsächlich erlebten Geschehen entgegenkommen und	5. _____
dennoch als tatsächlich so erlebt empfangen werden. Falsche Erinnerungen	6._____
können entweder rein effektiv sein oder aber in wesentlichen Punkten vom	7. _____
tatsächlichen Geschehen entweichen. Allein der Glaube, etwas Bestimmtes	8. _____
belebt zu haben, bedeutet noch lange nicht, dass es auch wirklich so war.	9. _____

Modul 3 **6** Prosopagnosie. Was passt? Unterstreichen Sie.

1. Bei Prosopagnosie scheint es sich um eine sehr weit bekannte – geschätzte – verbreitete Krankheit zu geben – handeln – verstehen.
2. Wenn man an dieser Krankheit leidet, kann man Gesichter nur mit Mücke – Mühe – Mütze voneinander unterbreiten – unternehmen – unterscheiden.
3. Erst 1947 hat man diese Krankheit zum ersten Mal wissenschaftlich bekannt – beschrieben – betragen.
4. Allerdings geht – fällt – spricht es den meisten schwer, diese Krankheit überhaupt als solche zu erfinden – erkennen – erleben.
5. Erwachsene mit dieser Krankheit kommen häufig hervorragend zugange – zugegen – zurecht.

Modul 4 **7** Vergangene Tage. Übersetzen Sie folgende Begriffe in Ihre Muttersprache. Notieren Sie, mit welchem Jahrzehnt Sie den Begriff in Verbindung bringen.

1. _____ Frauenbewegung   3. _____ Gründerjahre   5. _____ Hausbesetzungen

2. _____ Wiederaufbau   4. _____ Wiedervereinigung   6. _____ Wirtschaftskrise

Redemittel

8 Einen Forumsbeitrag schreiben. Ergänzen Sie die Redemittel mit den Wörtern aus dem Kasten. Welche Redemittel gehören zu *auf etwas Bezug nehmen* (B), *etwas erklären* (E), *Verständnis zeigen* (V) oder zu *keiner dieser Möglichkeiten* (Ø)? Notieren Sie.

> Aktualität Angaben Auseinandersetzung befassen dafür Grund (2x) gestiegen erlebt Forschungen
> herausgefunden Hälfte kommt vor liegt passiert Sorgen ungewöhnlich Ursache vielen Zahlen

____ 1. Ein _____ dafür könnte sein, dass …

____ 2. Es ist schon _____ Leuten _____, dass …

____ 3. Wie man _____ hat, …

____ 4. Die Kurve zeigt in _____ …

____ 5. Die _____ ist, dass …

____ 6. Ich habe auch schon mal _____, dass …

____ 7. Dieses Thema ist von besonderer _____, weil …

____ 8. Das _____ daran, dass …

____ 9. _____ lässt sich durchaus ein _____ finden, z. B. …

____ 10. Es ist nicht _____, wenn …

____ 11. Über die _____ der Befragten …

____ 12. Die _____ mit diesem Thema ist besonders wichtig, weil …

____ 13. Es _____, dass …

____ 14. Laut den neuesten _____ von …

____ 15. Seit … ist der Anteil von … nur schwach _____.

____ 16. Mach dir bloß keine _____, weil …

____ 17. Mit diesem Thema muss man sich _____, denn …

____ 18. Die _____ werden in Prozent gemacht.

9a Von Erinnerungen berichten. Mein erster Schultag. Ordnen sie die Buchstaben und notieren Sie die Redemittel in Ihrem Heft.

Es gibt bestimmte (1 ensbliers) _____ in meiner Kindheit, die mir bis heute in lebhafter (2 enuerr-ning) _____ geblieben sind. Wie mein erster Schultag. Mir (3 kmmot se orv) _____ _____ _____, als wenn es (4 gseretn geseewn) _____ _____ wäre. Ich weiß (5 chon ungae) _____ _____, dass ich schon Wochen vorher dem Tag (6 etignenebfegetre) _____. Als ich dann (7 muz esretn lam) _____ _____ _____ meine Schultüte sah, konnte ich es kaum noch (8 awterban) _____. Zu (9 deeisr tzie) _____ _____ war ich ganz versessen auf (10 siiükeetgßn) _____. Ich konnte mir (11 dmaals gra nchit vrtleleson) _____ _____ _____ _____, dass die (12 Lusche) _____ nicht immer ein Zuckerschlecken sein würde. Auf jeden Fall wird mir (13 imemr ni euenrirng bebilen) _____ _____ _____, wie uns dann unsere (14 ksenlehrsrliaen) _____ begrüßte. Ich fand (15 dalams) _____, dass sie wie ein (16 to-mdopel) _____ aussah.

b Erinnern Sie sich noch an Ihren ersten Schultag? Schreiben Sie einen Text mit den Redemitteln aus 9a.

10a Sprichwörter. Formen Sie diese Sprichwörter in Konditionalsätze mit *wenn* um.

1. Irrend lernt man. *(Johann Wolfgang von Goethe)*
2. Lernen und nicht denken ist unnütz, Denken und nicht lernen ist zwecklos. *(Konfuzius)*
3. Es ist keine Schande, nichts zu wissen, wohl aber, nichts lernen zu wollen. *(Platon)*
4. In der Welt lernt der Mensch nur aus Not oder Überzeugung. *(Pestalozzi)*
5. Was Hänschen nicht lernt, lernt Hans nimmermehr. *(deutsches Sprichwort)*
6. Lerne was, so kannst du was. *(deutsches Sprichwort)*
7. Ohne Fleiß, kein Preis. *(deutsches Sprichwort)*

1. Nur wenn man sich irrt und Fehler macht, dann lernt man etwas Neues.

b Über das Erinnern und Vergessen. Formen Sie die Sätze in Konditionalsätze ohne *wenn* um.

1. Wenn ich etwas vergessen will, dann bleibt es mir hartnäckig in Erinnerung.

   Will ich etwas vergessen, dann bleibt es mir hartnäckig in Erinnerung.

2. Oft aber vergesse ich etwas, wenn ich es mir unbedingt merken möchte.

   _____

3. Dennoch ist es wichtig, vergessen zu können, wenn man schlimme Dinge erlebt hat.

   _____

4. Wenn man sich in guten Zeiten nicht an die schlechten erinnert, kommen die schlechten wieder.

   _____

5. Wenn wir uns oft an einen Menschen erinnern, dann bleibt er in unserem Herzen lebendig.

   _____

6. Wenn man jemanden vergessen will, sollte man alle Dinge, die einen an die Person erinnern, entfernen.

   _____

11a Nominalform. Bilden Sie die entsprechenden Nomen.

1. annehmen _____
2. aufrufen _____
3. ausführen _____
4. betrachten _____
5. erforschen _____

6. erinnern _____
7. gebrauchen _____
8. verarbeiten _____
9. verbinden _____
10. vergesslich _____

b Erinnern und Vergessen. Bilden Sie aus den Konditionalsätzen die Nominalform und verwenden Sie, wenn nötig, die Präpositionen *bei* und *ohne* oder setzen Sie die Nominalform als Subjekt ein.

1. Wir könnten uns an gar nichts erinnern, wenn wir nicht bei jedem Erinnern gleichzeitig durch Nichterinnern etwas ausblenden würden.
2. Immer, wenn wir eine Erinnerung aufrufen, wird die „alte" Erinnerung verändert.
3. Wenn wir Informationen verarbeiten, dann gehen die Nervenzellen im Gehirn neue Verbindungen ein.
4. Wenn sich die Neuronen im Gehirn verbinden, dann sprechen wir von Synapsen.
5. Wenn wir die neue Information nicht regelmäßig gebrauchen, löst sich dieser Kontakt wieder auf.
6. Wenn wir im Alltag vergesslich sind, dann liegt das an zwei konkurrierenden Gehirnprozessen.
7. So funktioniert das Gehirn praktisch selbstgesteuert, wenn wir ganz alltägliche Vorgänge ausführen.
8. Wenn man das Vergessen wissenschaftlich erforschen will, dann stößt man auf die Schwierigkeit, dass nicht mehr vorhandene Erinnerungen keinen eindeutigen Abdruck im Gehirn hinterlassen.

1. Ohne das Ausblenden durch das Nichterinnern könnten wir uns an gar nichts erinnern.

12a Partizipialgruppen. Ergänzen Sie die Regel.

dass-Satz	Denkens	erweitert	Gliedsatzes	Konditionalsätzen	Kommas
Konstruktion	Partizip	Präpositionalergänzung	Sagens	Wendung	Wortgruppe

Eine Partizipialgruppe ist eine grammatische (1) _____, die die Funktion eines

(2) _____ übernehmen kann. Zur Bildung einer Partizipialgruppe benutzen wir das

(3) _____, das durch beliebig viele Satzglieder (4) _____ werden

kann. Die so entstehende (5) _____ muss vom übergeordneten Satz durch

(6) _____ abgetrennt werden. Partizipialgruppen zur Verkürzung von

(7) _____ beruhen oft auf Partizipien von Verben des (8) _____

und (9) _____ und werden häufig als feste (10) _____ gebraucht. Dem Partizip

kann manchmal eine (11) _____ oder ein (12) _____ folgen.

b Suchen Sie zehn Verben in der Wortschlange, bilden Sie das Partizip II und ordnen Sie es in eine Tabelle ein. Notieren Sie, wenn nötig, auch die Präpositionalergänzung. Denken Sie an den Kasus.

andersabsehenannehmenausdrückenbetrachtenbildlichformulierenfreigenaugrobnegativnehmen
kurzoberflächlichobjektivoffensagenschätzenstrengtheoretischvergleichenvoraussetzen

ohne Ergänzung	Präpositionalergänzung	*dass*-Satz

c Notieren Sie zwölf Adjektive und Adverbien aus der Wortschlange in Ihr Heft.

d Theorien über das Vergessen. Formen Sie die Konditionalsätze in Partizipialgruppen um.

1. Wenn wir es rein objektiv betrachten, ist auch das Vergessen ein aktiver Prozess.
2. Wenn wir es rein wissenschaftlich sehen, kommt es auf molekularer Ebene zu einem Zusammenspiel von einer ganzen Kaskade von Proteinen.
3. Wenn man den neuronalen Vorgang des Vergessens mit Ergebnissen aus Experimenten mit Insekten vergleicht, so scheint dieser Vorgang eine optimale Anpassung an die sich wandelnde Umgebung zu sein.
4. Wenn wir es also ganz genau nehmen, dann ist Vergessen nicht unbedingt eine Fehlfunktion des Gedächtnisses, sondern auch ein willentlicher Akt des Gehirns.
5. Wenn wir es einmal anders formulieren, dann sorgt unser Gehirn ganz bewusst für Gedächtnislücken.
6. Wenn wir es einmal ganz ehrlich sagen, dann braucht der Mensch gar nicht so viel Allgemein- und Detailwissen anzuhäufen.
7. Wenn wir es einmal grob schätzen sollten, dann reicht eine sogenannte Landkarte des Wissens über die zentralen Themen des Lebens.

Modul 3   **13a Modalitätsverben. Wenn Sie nichts mehr mit einem Menschen zu tun haben wollen, welche Aussagen wären dann passend? Kreuzen Sie an.**

☐ 1. Du hast die Entscheidung zu respektieren.
☐ 2. Du scheinst dich nicht zu melden.
☐ 3. Du hast dich von mir fernzuhalten.

☐ 4. Du brauchst nie wieder hier aufzutauchen.
☐ 5. Du hast viel zu sagen.
☐ 6. Du bist nicht zu unterschätzen.

b Ohne Modalitätsverb gesagt. Welche Bedeutung haben die Sätze aus 13a? Kreuzen Sie an.

1. Du [a] darfst [b] kannst [c] musst die Entscheidung respektieren.
2. Du meldest dich [a] angeblich [b] anscheinend [c] ansonsten nicht.
3. Du [a] darfst [b] kannst [c] musst dich von mir fernhalten.
4. Du [a] musst [b] kannst [c] sollst nie wieder hier auftauchen.
5. Du [a] kannst [b] musst [c] willst viel sagen.
6. Man [a] darf [b] kann [c] will dich nicht unterschätzen.

14a Nicht auszuhalten. Wo passt *zu* nicht? Denken Sie dabei an verschiedene Funktionen von *zu*.

Liebe Silke,
Ich habe dir so viel (1) (zu) erzählen! Darf ich mich mal ein bisschen bei dir (2) aus(zu)heulen? Bei uns (3) (zu) Hause ist es im Moment kaum (4) aus(zu)halten. Ich will es dir lieber persönlich (5) (zu) sagen, bevor es dir von anderer Seite (6) (zu) Ohren (7) (zu) kommt. Aber Yannis und ich hören zurzeit gar nicht mehr auf (8) (zu) streiten. Ja, wir hatten immer schon einiges (9) aus(zu)diskutieren. Und die meisten scheinen sich ja immer noch darüber (10) (zu) wundern, dass wir damals überhaupt zusammengezogen sind. Natürlich waren bei uns einige Kultur-unterschiede (11) (zu) überwinden, aber ich will damit gar nicht (12) (zu) sagen, dass ich es bereue, ihn geheiratet (13) (zu) haben. Nein. Aber diesmal ist es (14) (zu) einem Riesenkrach (15) (zu) gekommen. Und unsere Ehe droht wirklich daran (16) (zu) zerbrechen. Schuld daran soll wieder unsere Tochter Paula (17) (zu) sein. Natürlich sind Kinder in diesem Alter nur schwer (18) (zu) bändigen. Um von Anfang an (19) (zu) berichten: Wir durften also einen Brief von Paulas Kunstlehrerin höchstpersönlich (20) entgegen(zu)nehmen, in dem sie uns (21) da(zu) auffordert, dringend mit unserer Tochter (22) (zu) sprechen und außerdem (23) (zu) einem Termin mit ihr, der Lehrerin, (24) (zu) erscheinen. Du kannst dir (25) vor(zu)stellen, dass Yannis keine Lust (26) (zu) hat, (27) dahin(zu)gehen. Die Frau soll mal nicht (28) (zu) übertreiben, sagt er. Aber ich finde, das Problem ist nicht (29) (zu) unterschätzen. In Kunst! Und das bei unserer Paula, die schon als Kind nicht davon (30) ab(zu)bringen war (31) (zu) malen! Yannis sagt, Paula müsste einfach mal damit (32) auf(zu)hören, ständig im Unterricht (33) (zu) quatschen. Damit hätte sich das Problem von selbst (34) (zu) erledigt. Aber da habe ich doch wirklich meine Tochter (35) (zu) verteidigen. Wieso darf man im Kunstunterricht nicht (36) (zu) reden? Das hat die Lehrerin uns nun wirklich mal (37) (zu) erklären. Auch wenn es so aussieht, als wäre mir nicht (38) (zu) helfen, kannst du vielleicht Yannis (39) (zu) überreden, den Termin mit der Lehrerin (40) wahr(zu)nehmen? Ich danke dir, liebe Silke.
Deine Susanne

b Kaum zu glauben. Formulieren Sie die Sätze mithilfe von Modalitätsverben um.

Hi Susanne, (1) Anscheinend hast du keine wichtigeren Probleme. (2) Der Brief der Kunstlehrerin darf doch nicht so ernst genommen werden. (3) Du sollst dich nicht darüber ärgern. (4) Das Problem kann doch ganz schnell gelöst werden. (5) Das kann man in den Griff bekommen, indem du einmal mit Paula redest. (6) Auf jeden Fall musst du dich bei Yannis entschuldigen. (7) Du läufst sonst noch Gefahr, dass eure Ehe scheitert. (8) Das musst du wirklich einsehen, oder? LG, Silke

15 Mein Text. Gibt es in Ihrem Land eine öffentliche Erinnerungskultur und wie sieht diese aus? Haben Sie Kritikpunkte an dieser Erinnerungskultur? Warum? Erklären Sie.

Prüfungstraining

Wissenschaftssprachliche Strukturen

Lesen Sie den Text im Lehrbuch in Modul 1. Vervollständigen Sie die Sätze und formen Sie die unterstrichenen Satzteile um, ohne die Textinformation zu verändern. In jede Lücke passt nur <u>ein</u> Wort. Bitte geben Sie immer nur <u>eine</u> Lösungsmöglichkeit an.

1. Unser Hirn besteht, grob geschätzt, aus etwa 100 Milliarden Nervenzellen (Neuronen), <u>die zu einem riesigen Netz verbunden sind.</u> (Z. 9–14)

   Unser Hirn besteht, grob geschätzt, aus etwa 100 Milliarden

   _____ _____ _____ _____ _____

   Nervenzellen (Neuronen).

2. <u>Wird</u> eine Nervenzelle <u>von einem ankommenden Reiz erregt</u>, leitet sie einen elektrischen Impuls mithilfe von Botenstoffen an ihre Nachbarzellen weiter (…). (Z. 14–19)

   _____ ein _____ _____ eine Nervenzelle _____, leitet sie einen elektrischen Impuls mithilfe von Botenstoffen an ihre Nachbarzellen weiter (…).

3. Genau betrachtet, <u>kann</u> das Langzeitgedächtnis noch weiter <u>unterteilt werden</u> (…). (Z. 53–56)

   Genau betrachtet, _____ _____ das Langzeitgedächtnis noch weiter _____ (…).

4. <u>Beim Gehen</u> oder <u>Radfahren</u> erinnern wir uns unbewusst daran, welche Muskeln wann aktiviert werden müssen. (Z. 71–73)

   _____ wir _____ oder _____ _____,
   erinnern wir uns unbewusst daran, welche Muskeln wann aktiviert werden müssen.

5. Die Lücken füllen wir aus, <u>indem wir raten</u>. (Z. 81)

   Die Lücken füllen wir _____ _____ aus.

6. <u>Würden wir seine Einzelheiten</u> aber <u>noch einmal</u> mit dem Original <u>vergleichen</u>, fänden sich gewiss bedeutende Unterschiede. (Z. 84–87)

   Aber _____ _____ _____ _____ _____ mit dem Original fänden sich gewiss bedeutende Unterschiede.

7. <u>Je stärker</u> unsere emotionale Beteiligung, <u>desto dauerhafter</u> die Speicherung. (Z. 90–91)

   Die Speicherung _____ _____ unserer emotionalen Beteiligung _____.

8. Die eine geht davon aus, dass die in unserem Gehirn <u>gespeicherte</u> Erinnerung einfach mit der Zeit verblasst (…). (Z. 93–97)

   Die eine geht davon aus, dass die Erinnerung, _____ in unserem Gehirn _____ _____, einfach mit der Zeit verblasst.

9. Dann müssten wir jedoch umso mehr vergessen, je mehr Zeit seit dem <u>zu erinnernden</u> Ereignis vergangen ist. (Z. 100–107)

   Dann müssten wir jedoch umso mehr vergessen, je mehr Zeit seit dem Ereignis, _____ _____ _____ _____, vergangen ist.

10. Sie besagt, dass wir bestimmte Dinge vergessen, <u>weil sie von neuen, interessanteren Eindrücken überlagert</u> oder gestört <u>werden</u>. (Z. 110–113)

    Sie besagt, dass wir bestimmte Dinge _____ _____ _____ oder Störung _____ _____, _____ _____ vergessen.

11. Was bedeutet die unterstrichene Verbform? Kreuzen Sie die richtige Antwort an.

    Ohne seine bindende Kraft <u>zerfiele</u> unser Bewusstsein in Einzelteile, in gelebte Augenblicke. (Z. 3–5)

1. Form		2. Bedeutung	
a) Konjunktiv I	☐	a) Höfliche Bitte	☐
b) Konjunktiv II	☐	b) Indirekte Rede	☐
c) Indikativ Präteritum	☐	c) Hypothetische Annahme	☐

12. Welches logische Verhältnis wird durch *somit* in Zeile 113 ausgedrückt?

    Kreuzen Sie an.

    a) Zweck ☐
    b) Folge ☐
    c) Einschränkung ☐

Lösungen

Kapitel 1 — Alltägliches

1a 1. Langeweile, 2. Sorglosigkeit, 3. Abwechslung, 4. Routine, 5. Spaß, 6. Eintönigkeit; Lösungswort: Alltag

1b 1. kümmern, 2. stehen, 3. erledigen, 4. zuzubereiten, 5. halten, 6. zappen

2a Zeit: -alter, -arbeit, -aufwand, -dauer, -druck, -geist, -empfinden, -gefühl, -geschehen, -plan, -punkt,- rahmen, -spanne, -verlust, -verschwendung, -vertreib; zeit: -aufwendig, -gemäß, -genössisch, -lich, -ig, -los, -nah, -raubend, -sparend, -weilig

2b 1. klassisch, immerwährend, etwas, das nicht aus der Mode kommt; 2. etwas, das viel Zeit in Anspruch nimmt; 3. pünktlich, vor der Zeit; 4. modern, aktuell; 5. der Moment, der Augenblick; 6. die Epoche; 7. der Stress; 8. das Lebensgefühl

3a Vereins: 1. -mitglied, 2. -meierei, 3. -vorsitzender, 4. -leben, 5. -ordnung, 6. -arbeit, 7. -lokal, 8. -geist

4 1. h, 2. a, 3. c, 4. g, 5. b, 6. f, 7. e, 8. d

5 1. b, 2. a, 3. b, 4. b, 5. a, 6. a, 7. b, 8. a, 9. a, 10. b, 11 a, 12. a, 13. b, 14. b, 15. a, 16. b, 17. a, 18. b, 19. a, 20. b

6a 1. Aufgrund der Tatsache, 2. Grund dafür, 3. auch deshalb, 4. aus diesem Grund, 5. Auslöser, 6. Dazu kommt noch

6b 1. A spricht, 2. A Besondere, 3. Ü einfach, 4. A Gegensatz, 5. A uns, 6. Ü Lust, 7. Ü wäre, 8. Ü Spring, 9. Ü vorschlagen

7a 1. e P, 2. b AP, 3. f P, 4. d AP, 5. c P, 6. a AP

8a waagerecht: dennoch (2. Z.), demnach (5. Z.), dagegen (6. Z.), infogedessen (10. Z.), somit (11. Z.), stattdessen (12. Z.)
senkrecht: sonst (2. Sp.), andernfalls (5. Sp.), folglich (7. Sp.), demgegenüber (12. Sp.)
Gegensatz: andernfalls, dagegen, demgegenüber, dennoch, stattdessen
Folge: demnach, folglich, infolgedessen, somit, sonst

8b 1. Hauptsätze, 2. eins, 3. drei, 4. zwei, 5. Verb

8c 1. andernfalls, 2. sonst

8d 1. a, 2. b, 3. a, 4. b, 5. a, 6. a

8e 1. stattdessen, 2. folglich/deshalb, 3. stattdessen, 4. deshalb/folglich/infolgedessen, 5. deshalb/folglich/infolgedessen, 6. Andererseits/Demgegenüber, 7. stattdessen, 8. folglich/deshalb

9a 1. schränken … ein, 2. Aussage, 3. Bedingung, 4. Nebensatz, 5. Hauptsätze

9b 1. b, 2. a, 3. b, 4. c, 5. c, 6. a, 7. c, 8. b, 9. c

10a auftreten, beheben, durchfahren, durchlesen, durchleben, entdecken, feststellen, gefallen, hinweisen, mitnehmen, nachholen, übersetzen, übergeben, umbauen, umstellen, umzäunen, unterbringen, unterhalten, widerspiegeln, widerstehen
trennbar: auftreten, durchlesen, feststellen, hinweisen, mitnehmen, nachholen, umbauen, unterbringen, widerspiegeln
untrennbar: beheben, durchleben, entdecken, gefallen, übergeben, umzäunen, unterhalten, widerstehen
trennbar und untrennbar: durchfahren, übersetzen, umstellen

10b 1. durch, 2. über, 3. um, 4. unter, 5. wider/wieder

10c a1. Die Verkehrsteilnehmer wurden gebeten, die Unfallstelle zu umfahren. k2. Unser Nachbar hatte gestern Nacht den Fahrradständer umgefahren. a3. Auf der Reise habe ich die Urlaubsbroschüre ins Deutsche übersetzt. k4. Dann haben wir mit einer Fähre auf eine kleine norwegische Insel übergesetzt. k5. Trotz des Sturms ist die Fähre ohne Probleme durchgefahren. a6. Beim Anblick der baufälligen Hütte hat mich ein Schreck durchfahren.

11 1. mitzuteilen, 2. festgestellten, 3. beseitigt, 4. hingewiesen, 5. unterzustellen, 6. zu unterstellen, 7. unterhalten, 8. unternommen, 9. zu beheben, 10. nachzukommen

Prüfungstraining

P **TestDaF – Leseverstehen 3:** 1. Text sagt dazu nichts, 2. Ja, 3. Nein, 4. Ja, 5. Text sagt dazu nichts, 6. Text sagt dazu nichts, 7. Nein, 8. Ja, 9. Ja, 10. Ja

P **TestDaF – Mündlicher Ausdruck, Aufgabe 1** (Einen ausführlichen Lösungsvorschlag finden Sie unter www.aspekte.biz im Bereich „Online-Material/Downloads".)

P **TestDaF – Mündlicher Ausdruck, Aufgabe 2** (Einen ausführlichen Lösungsvorschlag finden Sie unter www.aspekte.biz im Bereich „Online-Material/Downloads".)

P **TestDaF – Mündlicher Ausdruck, Aufgabe 7** (Einen ausführlichen Lösungsvorschlag finden Sie unter www.aspekte.biz im Bereich „Online-Material/Downloads".)

Kapitel 2 — Hast du Worte?

1a 1. verlieren, 2. nehmen, 3. kommen, 4. gewandt, 5. melden, 6. fehlen, 7. wortwörtlich, 8. wortlos

1b 7. a, 3. b, 6. c, 1. d, 8. e, 4. f, 5. g, 2. h

2a 1. flüstern, 2. labern, 3. lachen, 4. staunen, 5. meckern, 6. kreischen

2b 1. b, 2. b, 3. b, 4. a, 5. b, 6. b, 7. b

3 1. appellieren, 2. sprechen, 3. bestätigen,

4. bezweifeln, 5. mitteilen, 6. bezweifeln,
7. meinen, 8. sich äußern

4 Verbal attackieren: angreifen, belästigen,
beleidigen, brüskieren, erniedrigen, jemanden
herunterputzen, kränken, lästern, provozieren,
schikanieren, verleumden, verletzen
Contra geben: die Defensive verlassen,
gleichgültig tun, ignorieren, ironisieren, kontern,
ins Leere laufen lassen, locker bleiben, kontern,
parieren, schlagfertig sein, sich entschuldigen,
verwirren, überraschen, zustimmen

5 1. c, 2. b, 3. a, 4. e, 5. h, 6. d, 7. j, 8. f, 9. g

6 kontern (den Angreifer schlecht dastehen lassen)

7 1. Ansicht, 2. Grund, 3. teilweise zustimmen,
4. Meinung, 5. beispielsweise, 6. anschließen,
7. dagegen … einwenden, 8. überzeugt, 9. steht,
10. Beispiel, 11. anführen, 12. nachvollziehen,
13. festen Überzeugung, 14. völlig recht

8 1. b C, 2. c A, 3. a D, 4. e B, 5. d E

9 1. mündliche, 2. schriftliche, 3. Äußerungen,
4. Nachrichtern, 5. Dativ, 6. *laut*, 7. *nach*,
8. *zufolge*, 9. vorgestellt, 10. nachgestellt,
11. Nebensätze, 12. *wie*, 13. redeeinleitenden,
14. Konjunktiv I, 15. Indikativ, 16. Konjunktiv II

10 2. Laut/Nach Aussagen der Experten wird sich
die Zahl der Süchtigen in ein paar Jahren
verdoppeln. 3. Wie Studien beweisen, sind vor
allem Teenager und Menschen mittleren Alters
betroffen. 4. Laut/Nach Meinung der Ärzte
können die Auswirkungen auf die körperliche
und geistige Gesundheit verheerend sein. 5. Wie
viele Eltern berichten, kommt es bei ihren
Kindern durch exzessive Handybenutzung zu
Leistungsstörungen. 6. Untersuchungen zufolge
ziehen sich die Betroffenen trotz ständiger
Kommunikation immer mehr aus dem sozialen
Leben zurück. 7. Laut/Nach Ansicht der Psychologen sollten erste Symptome ernst genommen
werden. 8. Ratschlägen von Familientherapeuten
zufolge sollten in den Familien handyfreie Zeiten
festgelegt werden.

11a e, est, e, en, et, en. Das Verb *sein*.

11b 1. bemühe – bemühte, 2. bitte – bäte, 3. bleibe –
bliebe, 4. bereite – bereitete, 5. gebe – gäbe,
6. fordere – forderte, 7. werde – würde, 8. finde –
fände, 9. führe – führte, 10. klingle – klingelte,
11. könne – könnte, 12. schaffe – schaffte,
13. spreche – spräche, 14. sei – wäre

12 1. zufolge, 2. gebe, 3. Wie, 4. könne, 5. feststellen,
6. Laut/Nach, 7. stelle … ein, 8. hingewiesen,
9. komme, 10. Wie, 11. erkenne, 12. starre,
13. müsse, 14. gäben, 15. Sind, 16. solle, 17. zufolge

13 1. um, die Mühe; 2. mit, die Beschäftigung; 3. für,
das Interesse, 4. für/gegen, die Entscheidung;
5. über, der Gedanke/das Denken; 6. mit/über,

die Sprache; 7. an, die Teilnahme, 8. an, der
Zweifel, 9. nach, die Frage; 10. bei, die Hilfe

14a 1. Die Muttersprache wird in der frühen Kindheit
erworben./Die Muttersprache erwirbt man in
der frühen Kindheit. 2. Das Unterbewusste ist
wichtig, wenn man eine Sprache erwirbt. 3. Zu
spielen ist ein Teil des Prozesses, wenn man
lernt. 4. Durch Kunst wird die Fähigkeit
gefördert, besser zu kommunizieren./Durch
Kunst fördert man die Fähigkeit, besser zu
kommunizieren. 5. Wenn man sich mit Kunst
auseinandersetzt, kann man seinen Erfahrungshorizont erweitern./Indem man sich mit Kunst
auseinandersetzt, wird der Erfahrungshorizont
erweitert. 6. Die emotionalen Aspekte von
Sprache werden berücksichtigt./Man berücksichtigt die emotionalen Aspekte, wenn man
spricht.

14b 2. …bei dem Schüler mit besonderem
Sprachförderungsbedarf durch die Auseinan-
dersetzung mit Kunst eine bessere sprachliche
Ausdrucksfähigkeit lernen. 3. Die Beschäftigung
mit Kunstwerken gibt ihnen die Möglichkeit zur
Ausbildung sprachlicher Kompetenzen. 4. Für
die sprachliche Entwicklung der Schüler ist zum
Beispiel das Verfassen von Gedichten oder die
Umsetzung von Bildkompositionen in Klänge
oder Körpersprache förderlich.

Prüfungstraining

P **TestDaF – Hörverstehen 1:** 1. zukünftige Lehrer,
2. in einer Hauptschule (mit vielen gemobbten
Kindern), 3. mit Übergewicht / mit Brille / ohne
Markenkleidung / schüchterne Kinder, 4. sich zu
wehren / sich nicht schikanieren zu lassen / beim
Mobben zurückschlagen (o.Ä.), 5. von dem
Schuldirektor / der Schuldirektor suchte sie aus,
6. wie sie gegen Mobbing vorgehen können /
wie sie sich wehren können, 7. fragen, wenn
etwas unklar ist / sich an die Studenten wenden /
berichten, was sich geändert hat, 8. (das), was sie
bei dem Projekt geübt haben

P **DSH – Vorgabenorientierte Textproduktion**
(Einen ausführlichen Lösungsvorschlag finden
Sie unter www.aspekte.biz im Bereich „Online-
Material/Downloads".)

Kapitel 3   An die Arbeit!

1 Arbeit-: -geber, -nehmer
Arbeits-: -amt, -bedingungen, -kapazität, -klima,
-markt, -platz, -schutzbestimmungen, -stelle,
-verhältnis, -zeit
arbeits-: -fähig, -intensiv, -los

Lösungen

-arbeit: Akkord-, Gewerkschafts-, Mit-, Schicht-, Team-

2 1. Bestellung, 2. Patent, 3. Vertrag, 4. Nachlass, 5. Bescheid, 6. Vorgesetzter

3 1. Globalisierung, 2. Betriebsrat, 3. Gleitzeit, 4. Einkommen, 5. Streik, 6. Reklamation, 7. Ballungszentrum, 8. Qualifikation

4 1. e, 2. a, 3. d, 4. b, 5. c

5 1. nahe, 2. Studium, 3. Wahl, 4. Job, 5. Gehalt, 6. Ausbildungsberufen, 7. Praxis, 8. Vorteile, 9. Betrieb, 10. Geld, 11. qualifizierte, 12. Betrieb, 13. Firmen, 14. Arbeitskräfte, 15. weiterführenden

6 1. c Multitasking, 2. f Gleichzeitigkeit, 3. a Zeit verplempern, 4. e einhellig widersprechen, 5. b zurechtkommen mit, 6. d Fehler ausbügeln

7 Anpassungs-, Begeisterungs-, Entschluss-, Kommunikations-, Konflikt-, Konzentrations-, Kritik-, Leistungs-, Lern-, Reaktions-, Teamfähigkeit

8a 1. auseinander, 2. persönlichen, 3. Bewerbungsgespräch, 4. Anzeige, 5. Abschluss, 6. Team, 7. Jahresgehalt, 8. Arbeitgeber, 9. Stellenangebot, 10. bewerbe

8b Einleitung: 4, 9, 10; Berufserfahrung: 1, 5, 8; Erwartungen: 6, 7, Abschluss: 2, 3

9a 1. dafür/dagegen, 2. Vorteile/Nachteile, 3. Vorteile/Nachteil, 4. hilfreich/problematisch, 5. dafür/dagegen, 6. dafür/dagegen

10a 1. Wert; 2. wichtig; 3. Vor allem, Insbesondere; 4. nebensächlich, unwichtig, zweitrangig; 5. Bedeutung

11a 1. r, 2. f, 3. r, 4. f, 5. r

11b 1. (O) … , dass eine durchdachte Bewerbung so wichtig ist. 2. (S) Denn wer im Bewerbungsschreiben den kleinsten Fehler macht, … 3. (S) Dass Bewerbungsschreiben so wichtig für den ersten Eindruck sind, … 4. (O) … , dass das weitreichende Konsequenzen haben kann. 5. (O) … , was ohnehin aus dem Lebenslauf hervorgeht. 6. (O) … , dass man auch auf seine Soft Skills hinweist. 7. (O) … , dass er/sie beim Erstellen der Bewerbungsunterlagen behilflich ist. 8. (S) Wer zum Vorstellungsgespräch eingeladen werden will, …

11c 1. Man hat schon früh erkannt, dass ich künstlerisches Talent habe. (O) 2. Ich bin meiner Familie sehr dankbar dafür, dass sie mein Talent gefördert hat. (O) 3. Schon als Jugendlicher entschied ich, dass ich eine Ausbildung als Mediengestalter machen wollte. (O) 4. Es hat mich immer schon gereizt, dass dieser Beruf so kreativ ist. (S) 5. Dass es auch vielfältige zukünftige Einsatzmöglichkeiten gibt, macht diesen Beruf sehr attraktiv. (S)

12a 1. Du solltest darauf achten, höflich zu sein und laut und deutlich zu sprechen. 2. Ich würde auf jeden Fall vermeiden, auf Standardantworten und Floskeln zurückzugreifen. 3. Es ist ratsam, Distanz zu wahren, aber nicht zu distanziert aufzutreten. 4. Ich kann dir nur empfehlen, dein Gegenüber mit Namen und natürlich auch Titel anzusprechen. 5. Du solltest auf jeden Fall auf dein Outfit achten und selbstsicher, aber nicht arrogant auftreten. 6. An deiner Stelle würde ich mich vorher schon auf das Gespräch vorbereiten und mir kluge Fragen überlegen.

12b 1. Auf ein selbstsicheres Auftreten ist zu achten. 2. Ich empfehle, immer bei der Wahrheit zu bleiben und keine Märchen zu erzählen! 3. Es ist ganz wichtig, dass sie sich als den idealen Bewerber für die erwünschte Stelle darstellen. 4. Bitte vergessen Sie nicht, auch Ihre sozialen Kompetenzen zu erwähnen. 5. Weisen Sie natürlich auch darauf hin, dass Sie umfangreiche Berufserfahrung haben. 6. Es ist ganz klar, dass der erste Eindruck der wichtigste ist.

13a 1. nein; 2. auf die Gesamtaussage des Hauptsatzes; 3. die Aussage des Hauptsatzes wird kommentiert oder weitergeführt; 4. hinter dem Hauptsatz; 5. *was*; Präpositionaladverbien (*wo+*); *weshalb, weswegen*

13b 2. Manche Aufgaben verlangen gleichzeitiges Hören und Sehen, was man durch Computerspiele, Musik und Internetsurfen schulen kann. 3. Oft ist es wichtig, verschiedene Informationen miteinander zu verbinden, was durch die häufige Nutzung von verschiedenen Informationskanälen gefördert werden kann. 4. Beim Multitasking kann man zwischen verschiedenen Aufgaben hin und her wechseln, weshalb man eine gewisse Freiheit beim Zeitmanagement gewinnt. 5. Zeit ist längst keine klare Linie mehr, weshalb sich der moderne Mensch auf verschiedenen Handlungssträngen gleichzeitig bewegen muss. 6. Viele alltägliche Dinge beinhalten Multitasking, was man beispielsweise alleine schon beim Autofahren merkt.

14a 1. c+e, 2. e, 3. d, 4. a, 5. b, 6. f

14b 2. wovon, 3. was, 4. weshalb, 5. woran, 6. was, 7. worin, 8. was, 9. worauf, 10. wofür, 11. weshalb, 12. was

Prüfungstraining

P **TestDaF – Leseverstehen 2:** 1. A, 2. C, 3. C, 4. B, 5. B, 6. C, 7. A, 8. A, 9. B, 10. C

P **TestDaF – Mündlicher Ausdruck, Aufgabe 5** (Einen ausführlichen Lösungsvorschlag finden Sie unter www.aspekte.biz im Bereich „Online-Material/Downloads".)

Kapitel 4 Wirtschaftsgipfel

1 A: bargeldlos, Dauerauftrag, Kredit, Saldo, Wechsel, Zahlungsmittel; B: Aktionär, Anleihe, Devisen, Investmentfond, Schlusskurs, Spekulation; C: Stagnation, Standort, Stellenabbau, Strukturwandel, Umsatz, Unternehmen

2 Ein Prozess, bei dem die länderübergreifenden Beziehungen auf verschiedenen Ebenen, wie Wirtschaft, Politik, Kultur und Umwelt, intensiviert werden und zu einer globalen Verflechtung führen.

3 1. Privat-, 2. Betriebs-, 3. Automobil-, 4. Finanz-; 5. -gipfel; 6.-abkommen, 7. -unternehmen, 8. -system

4 1. a, 2. b, 3. a, 4. b, 5. b, 6. a, 7. b, 8. b, 9. b, 10. b, 11. a, 12. a, 13. b, 14. a, 15. b, 16. c

5 1. c Gewissen; 2. b reden; 3. e schlechtes; 4. f gewissenhaft; 5. d vereinbaren, 6. a bissen

6 das Darlehen, das Fremdkapital, die Kreditbegingungen, die Kreditwürdigkeit, die Mindestkapitalmenge, die Tilgungsmöglichkeiten, die Vorfinanzierung, der Zinssatz

7a *Verhalten positiv bewerten:* 1. in Ordnung, 2. schätzen, 3. anerkennen, 4. nicht unmoralisch, 5. gutheißen, 6. anständig finden; *Verhalten negativ bewerten:* 1. nicht in Ordnung, 2. ablehnen, 3. missbilligen, 4. moralisch fragwürdig, 5. nichts halten von, 6. undenkbar sein

8a 1. D versteht, 2. D definiert als, 3. K Folge ist, 4. K ergibt, 5. K führt zu, 6. D bezeichnet, 7. K Konsequenz, 8. D spricht man, 8. D spricht man

9a 1. ab, 2. bei, 3. bis zu, 4. für, 5. nach, 6. seit, 7. um, 8. vor, 9. während

9b 1. während, 2. vor, 3. nach, 4. seit, 5. bis zu, 6. bei

10a 1. der Ausbruch, 2. der Einsatz, 3. der Eintritt, 4. die Entdeckung, 5. die Entwicklung, 6. das Scheitern

10b 1. brach aus, 2. setzte ein, 3. trat ein, 4. entdeckte, 5. entwickelte, 6. scheiterte

10c 1. Vor der Entdeckung der Steinkohle war … 2. Seit dem Einsatz von Dampfmaschinen Anfang des 19. Jahrhunderts konnte … 3. Nach Scheitern der März-Revolution Mitte des 19. Jahrhunderts nahm … 4. Bei Eintritt der Industrialisierung wird … 5. Während der rasanten Entwicklung der Kohle- und Montanindustrie …, nahmen …

10d 1. Bei Beginn des Ersten Weltkrieges wurde der soziale Kampf eingestellt. 2. Während des Krieges machten die Unternehmer aufgrund des großen Waffenbedarfs riesige Gewinne. 3. Bis zum Ausbruch des Zweiten Weltkrieges verschärften sich die sozialen Konflikte. 4. Nach der Machtübernahme Hitlers 1933 wurde die Rüstungsindustrie durch staatliche Subventionen zum Motor der Konjunktur.

11a 1. Um Gründe oder Ursachen, 2. weil, da, 3. deshalb, darum, deswegen, daher, 4. b, 5. wegen, aufgrund, infolge, 6. b

11b 1. indem; dadurch, dass; 2. a, 3. durch

11c 1. K, 2. M, 3. M, 4. K, 5. M

12a 1. ansteigen – der Anstieg, 2. begrenzen – die Begrenzung, 3. beschränken – die Beschränkung, 4. fallen – der Fall, 5. öffnen – die Öffnung, 6. wachsen – das Wachsen, der Wachstum, 7. kommunizieren – die Kommunikation, 8. konkurrieren – die Konkurrenz

12b 1. Erst durch den Fall des eisernen Vorhangs konnte … 2. Wegen der Öffnung der Grenzen konnte sich … 3. Durch weltweite Kommunikation ohne Zeitverlust können … 4. Wegen der nationalen oder regionalen Begrenzung des Arbeitsmarkts gab … 5. Aber durch die Konkurrenz mit vielen Arbeitskräften in der ganzen Welt steigt der Druck … 6. Wegen des Anstiegs des Arbeitsangebots steigt … 7. Durch das ständige Wachstum der Weltwirtschaft wachsen … 8. Durch die wirtschaftliche Beschränkung vieler Entwicklungsländer auf die Landwirtschaft …

13 1. c, 2. b, 3. c, 4. c, 5. b, 6. b, 7. b, 8. c, 9. a, 10. c, 11. b, 12. c, 13. c

Prüfungstraining
P **DSH – Hörverstehen**
1. Gesamtfläche: 4.435 km2; Distanz O–W: 116; Distanz N– S: 67; Einwohnerzahl: a) ca.5 Mio, b) fast 10 Mio;
2. Dortmund, Essen, Duisburg, Bochum, Gelsenkirchen
3. 1. Revitalisierungsphase, 2. a) Es gab viele Arbeitsplätze im Bergbau. b) Kohle war der wichtigste Grundstoff für alle anderen Wirtschaftszweige. c) Weil die Menschen nun wieder mehr Geld zur Verfügung hatten, blühte der Handel in der Region auf. Alternativ: Kohle und sein Stahl waren der Motor für das Wirtschaftswunder.
4. 1. zurückgegangen, 2. wesentlich preiswerter gefördert, 3. ergiebiger, 4. einfacher abbauen; 5. Teile, 6. verloren, 7. Öl sund Erdgas ersetzt, 8. auf elektrischen Antrieb, 9. keine Kohle, 10. weit höher als
5. 1. a) Arbeitsplätze verloren, b) Umschulung, c) sich neu qualifizieren d) in Frührente gehen; 2. längerfristige Folgen: ökonomischer Wandel

Lösungen

6. Es wurden (in den Jahren 1961 bis 1994) mehr und mehr Arbeitsplätze im Dienstleistungssektor geschaffen, wie z. B. in Handel/Verkehr/Nachrichtenübermittlung/Banken/Versicherungen/Gaststätten/Hotelgewerbe.

7. Richtig: 2, 3

8. 1. R, 2. F, 3. R, 4. R, 5. F

9.

A	Einleitung	
B	Hauptteil	
	2	Kohle und Stein als Motor der Wirtschaft
	6	Kulturelle Entwicklung
	1	Fakten und Zahlen über das Ruhrgebiet
	4	Dienstleistungsbereich als Alternative
	3	Die Krise und ihre Folgen
	5	Bildung und Forschung
C	Schluss	

Kapitel 5   Ziele

1a 1. vornehmen, e Vorsatz; 2. verwirklichen, d umsetzen; 3. entschließen, b Entschluss; 4. verfolgen, c zielstrebig; 5. Absicht, a Intention

1b 1. die Erfüllung, 2. der Ehrgeiz, 3. der Entschluss, 4. der Erwerb, 5. die Motivation, 6. der Plan, 7. das Vorhaben, 8. der Wille

1c 1. Wissen erweitern: ~~Ernst machen mit etwas~~, ~~etwas wahr machen~~, Kenntnisse erwerben in, pauken, ~~den festen Willen haben~~, ~~sich ein Ziel setzen~~, sich fortbilden, *sich etwas einprägen, büffeln, sich etwas zu eigen machen*
2. etwas planen: ~~sich etwas einprägen~~, ~~büffeln~~, ~~etwas in die Tat umsetzen~~, sich etwas vornehmen, die Absicht haben, ~~etwas durchziehen~~, die Intention haben, *den festen Willen haben, sich ein Ziel setzen, einen Entschluss fassen, etwas verfolgen, beabsichtigen*
3. etwas realisieren: ~~einen Entschluss fassen~~, sich einen Wunsch erfüllen, etwas verwirklichen, etwas zustande bringen, ~~sich etwas zu eigen machen~~, ~~etwas verfolgen~~, ~~beabsichtigen~~, *etwas in die Tat umsetzen, etwas durchziehen, etwas wahr machen, Ernst machen mit etwas*

3 1. Netzwerke, 2. Boom, 3. allgegenwärtig, 4. Networking, 5. beruflicher, 6. Kontakte, 7. räumlich, 8. Chats/Videounterhaltungen, 9. Chats/Videounterhaltungen, 10. Vernetzung, 11. Kommunikation, 12. Welt, 13. Sicherheitseinstellungen, 14. Gefahren, 15. Anonymität, 16. durchsichtig, 17. Daten, 18. bedenkenlos

4 1. Jahreswechsel, 2. Vorsatz, 3. Frust, 4. Freude, 5. Syndrom, 6. Umfrage, 7. Genuss, 8. Gewicht; Lösungswort: Hoffnung

5 1. einspringen, Mann, 2. engagieren, 3. leisten, 4. Freiwilliger, 5. Bezahlung, 6. knüpfen, 7. Projekte, 8. bereichern, 9. Patenschaft

6a 1. An deiner Stelle würde ich … 2. Wenn ich du wäre … 3. Du solltest auf alle Fälle … 4. Deshalb mein Rat … 5. Ich kann dir empfehlen …

7a 1. ER Nicht zu vergessen ist die Tatsache, dass … 2. A Man darf auch nicht übersehen, dass … 3. W Wie bereits dargelegt … 4. S In Anbetracht der aktuellen Situation … 5. ER Darüber hinaus ist zu erwähnen … 6. E Eine heute viel diskutierte Frage ist … 7. S Zusammenfassend lässt sich sagen … 8. A Außerdem spielt noch … eine wichtige Rolle. 9. B Das lässt sich an folgendem Beispiel verdeutlichen: … 10. A Hierbei muss man besonders betonen …

7b 1. c Das ist ein Thema von besonderer Aktualität, weil …, 2. h zum Beispiel, 3. a Bevor ich näher auf das Thema eingehe, möchte ich klären, 4. e, 5. b Ein treffendes Beispiel, 6. d Hierbei muss man besonders betonen, 7. f Wie bereits dargelegt, 8. i Nicht zu vergessen ist die Tatsache, dass, 9. g Und in Anbetracht der aktuellen Situation

8 1. alltäglich, 2. bedeutsam, bedeutungsvoll, 3. gewöhnlich, 4. fehlerfrei, fehlerhaft, 5. funktionell, funktional, 6. informativ, 7. kulturell, 8. mächtig, machtlos 9. mangelhaft, 10. nervig, 11. teuflisch, 12. vorrangig, 13. verschwenderisch, 14. wunschlos

9a 1. Folge, 2. Aussage, 3. *sodass*, 4. Nebensatz, 5. *So*, 6. Adjektiv, 7. Hauptsatz, 8. *dass*

10a 1. eine negative Folge, 2. *zu …, um zu; zu …, als dass …*, 3. Im Hauptsatz vor einem Adjektiv oder Partizip, 4. Im Infinitiv. 5. im Konjunktiv II

11 2. Soziale Netzwerke sind von zu großer Bedeutung, als dass wir auf ein Profil in einem der Netzwerke verzichten könnten. 3. Das Posten auf Facebook ist schon zu sehr zur Gewohnheit geworden, um es durch eine andere Art der Kontaktpflege ersetzen zu können. 4. Im Internet ist die Verbreitung des Englischen zu stark, um diese Sprache ignorieren zu können. 5. Im Internet gibt es zu viel Information, um nicht davon zu profitieren. 6. Die Macht des Internets ist zu groß, um sich einen Totalausfall leisten zu können. 7. Die Sicherheitssysteme im Internet haben zu viele Fehler, um im Umgang mit unseren Daten leichtsinnig zu sein.

12a Immer wenn, Obwohl, denn, wenn, Trotzdem, weil, Dennoch, Zwar … aber, weil, da, ob, trotz, entweder … oder

12b 1. denn (Z. 3), weil (Z. 6), da (Z. 9); 2. obwohl (Z. 1), trotzdem (Z. 5), dennoch (Z. 6), zwar … aber (Z. 8 f.), trotz (Z. 12); 3. wenn (Z. 4); 4. immer wenn (Z. 1); 5. ob (Z. 11); 6. entweder … oder (Z. 12 f.)

12c Verbalform: dennoch, obwohl, trotzdem, zwar … aber; Nominalform: trotz

13a 1. Anstrengung, 2. Begeisterung, 3. sich gewöhnen an, 4. sich konzentrieren, 5. (sich) verbessern, 6. Wunsch

13b 2. Obwohl viele Menschen an gesunde Ernährung gewöhnt sind, greifen sie immer wieder auf Fastfood zurück. 3. Trotz der starken Konzentration mancher Menschen auf ein Ziel, verpufft bei vielen die Motivation schon nach kurzer Zeit. 4. Obwohl sportliche Betätigung die Lebensqualität verbessert, wollen viele Menschen ihr bequemes Sofa nicht verlassen. 5. Trotz des Wunsches nach mehr Freizeit verbessern die meisten ihr Zeitmanagement nicht. 6. Trotz der Begeisterung für das neue Ziel, lässt die Motivation bei vielen nach kurzer Zeit nach.

14a eine Absicht, einen Zweck oder ein Ziel

14b 1. Zur Erinnerung an die guten Vorsätze sollten wir sie auf jeden Fall aufschreiben. 2. Für die Verwirklichung des Ziels hilft die tägliche Überprüfung des Vorsatzes. 3. Um den Erfolg zu gewährleisten, sollten die Ziele möglichst konkret formuliert werden. 4. Zur Vermeidung von Motivationsverlust sollte man Etappenziele formulieren und überprüfen. 5. Belohnen Sie sich, nachdem Sie jedes Etappenziel erreicht haben, um Frust zu vermeiden.

Prüfungstraining

P TestDaF – Schriftlicher Ausdruck (Einen ausführlichen Lösungsvorschlag finden Sie unter www.aspekte.biz im Bereich „Online-Material/ Downloads".)

P DSH – Mündliche Prüfung (Einen ausführlichen Lösungsvorschlag finden Sie unter www. aspekte.biz im Bereich „Online-Material/ Downloads".)

Kapitel 6   Gesund und munter

1 Arzt: z. B. der Allgemeinmediziner, die Arzthelferin, die Behandlung, die Diagnose, der Facharzt, die Früherkennung, der Hausarzt, der Hautarzt, die Krankenversicherung, der Patient, die Praxis, die Prophylaxe, das Rezept, die Sprechstunde, der Termin, die Überweisung, die Untersuchung, das Wartezimmer, das Quartal Heilmittel: das Hausmittel, die Kapsel, das Medikament, die Nebenwirkung, die Pille, das Placebo, die Salbe, die Spritze, die Tablette, die Therapie, die Wirksamkeit, der Wirkstoff Gesünder leben: die Atmung, die Bewegung, die Entspannung, die Ernährung, das Essverhalten, die Fitness, das Gemüse, die Gymnastik, die Meditation, das Obst, der Schlaf, der Sport, die Stressvermeidung, die Wellness

2a 1. die Auszeit, 2. die Prophylaxe, 3. die Betäubung, 4. die Zahnbehandlung

2b 1. e, 2. c, 3. g, 4. b, 5. f, 6. a, 7. d

3 1. Beschwerden, 2. Hausmittel, 3. Medikamente, 4. Nebenwirkungen, 5. Arzt, 6. Rezept, 7. Erkältungskrankheiten, 8. Ernährung, 9. Schlaf, 10. Wirkung, 11. Psyche, 12. Heilungsprozessen, 13. Glaube, 14. Placebo-Effekt, 15. Patienten, 16. Gehirn

4 waagerecht: Vorsorgeuntersuchung (1. Z.), Gesundheitssystem (3. Z.), Früherkennung (5. Z.), Herzinfarkt (6. Z.), Maßnahmen (7. Z.), Krankenkasse (8. Z.), Patient (10. Z), Arzttermin (10. Z.), Lebenserwartung (11. Z.), Arztpraxis (12. Z.); senkrecht: Risikofaktor (3. Sp.), Essverhalten (12. Sp.)

5 1. Lebensmittelkontrolle, 2. Nahrungsmittelqualität, 3. Lebensmittelindustrie, 4. Überwachungssystem, 5. Markenhersteller, 6. Produktsicherheit, 7. Schadstoff, 8. Bioprodukte

6 1. d, 2. f, 3. e, 4. a, 5. c, 6. g, 7. b, 8. h

7a 1. f, 2. e, 3. c, 4. d, 5. a, 6. g, 7. b

7b 1. b, 2. c, 3. a, 4. c, 5. a, 6. c, 7. a, 8. c, 9. b, 10. a, 11. c, 12. b, 13. b, 14. a, 15. b, 16. b, 17. c, 18. b, 19. c, 20. c

8a 1. Ü darüber, 2. Ü weiterer, 3. Ü Gesichtspunkt, 4. S Zusammenfassend, 5. Ü gegenüber, 6. Ü Ferner, 7. Ü Weiterhin, 8. Ü nächstes, 9. S Schlussfolgerung, 10. S Frage

8b 1, 3, 5

9a einen Kommentar einleiten: 4. Mein Kommentar bezieht sich auf … 8. Die Meldung behandelt das Thema …; auf Argumente eingehen: 2. In der Meldung wird zwar gesagt, dass …, 6. Sicher mag sich für viele der Gedanke aufdrängen, dass …; die eigene Meinung argumentierend darlegen: 1. Gegen diese These spricht zum Beispiel das Argument, dass …, 3. In meinen Augen ist diese Schlussfolgerung nicht nachvollziehbar, denn … 5. Ich bin der Auffassung, dass … 7. Ich halte diese Idee für falsch, weil …

10a 1. <u>Wir</u> müssen wieder lernen, dass <u>wir</u> auf die Signale unseres Körpers achten. 2. <u>Alle Menschen</u> sollten sich darauf besinnen, dass <u>sie</u> die köpereigenen Heilkräfte aktivieren. 3. <u>Wir</u> hoffen sehr, dass <u>wir</u> Sie von der und heilenden Wirkung von Kneipp-Kuren überzeugen können. 4. <u>Es</u> ist für uns eine Herzensangelegenheit, dass <u>man</u> Ihnen den Aufenthalt in unserer Kurklinik so angenehm wie möglich macht. 5. <u>Sie</u> können ganz sicher sein, dass <u>Sie</u> bei uns mit den besten Hydrotherapien verwöhnt werden. 6. <u>Kneipp</u> behauptet, dass <u>er</u> viele Patienten durch seine Wasseranwendungen hat heilen können.

Lösungen

10b 1. Subjekts, 2. Absicht, 3. Ergänzung, 4. Subjekt, 5. dieselbe, 6. Infinitiv, 7. Präteritum, 8. Objekt, 9. Hauptsatzes

10c 1. Die Krankenkassen fordern die Menschen auf, mehr für ihre Gesundheit zu tun. 2. Für die Patienten ist es wichtig, über alternative Behandlungsmethoden aufgeklärt zu werden. 3. Kneipp war der Ansicht, Körper und Seele des Menschen als eine Einheit behandeln zu müssen. 4. Viele Patienten bestätigen, durch Kneipp-Kuren geheilt worden zu sein. 5. Die wichtigste Erkenntnis Kneipps ist, die heilende Kraft des Wassers wiederentdeckt zu haben. 6. Umformung nicht möglich, 7. Umformung nicht möglich

10d 1. + 4

11 1. Man sollte sich angewöhnen, auf ausreichende Wasserzufuhr zu achten. 2. Man hat nachgewiesen, dadurch Krankheitsrisiken verringern zu können. 3. Es gibt vielfältige Möglichkeiten, durch Wasser geheilt zu werden. 4. Man muss darauf achten, Dehydrierung zu vermeiden. 5. Besonders für alte Menschen ist es wichtig, bei der Vermeidung von Dehydrierung unterstützt zu werden.

12a Bedingung: falls, sofern, sonst, wenn, wenn nicht, Folge: folglich, sodass, deshalb, infolge, Gegensatz: dennoch, trotzdem

12b 1. *bei* + Dativ: falls, sofern, wenn; *ohne* + Akkusativ: wenn nicht

13a 1. Bei Zweifeln an der Qualität bestimmter Lebensmittel können Sie … 2. Ohne die eindeutige Angabe der Inhaltsstoffe auf einer Verpackung des Produkts können diese Produkte … 3. Auch bei Verunsicherung bezüglich gentechnisch veränderter Nahrungsmittel können Sie … 4. Bei nicht korrekt gekennzeichneten Imitaten kann man … 5. Bei Angebot von Ware nach Gewicht oder Volumen muss der Grundpreis … 6. Ohne die häufigen Stichproben gäbe es …

13b 1. Wenn man durch die Verpackung größere Füllmengen vortäuscht, handelt es … 2. Wenn das europäische Bio-Logo nicht aufgedruckt ist, können wir … 3. Wenn wir weniger Fleisch konsumieren, ernähren wir … 4. Wenn nicht zahlreiche Lebensmittelskandale aufgedeckt worden wären, gäbe es …

14 1. Besonders beim Kauf von Fleisch sollte darauf geachtet werden, Fleisch aus kontrollierter Tierhaltung zu kaufen. 2. Wenn wir Bio-Lebensmittel kaufen, können wir davon ausgehen, dass diese weniger mit Pestiziden belastet sind. 3. Bei Konsum von regionalen Lebensmitteln können wir sicher sein, einen Beitrag zum Umweltschutz zu leisten. 4. Ohne eine gesetzlich gesicherte Regionalkennzeichnung kann nicht garantiert werden, dass Obst und Gemüse tatsächlich aus der Region stammen. 5. Wenn wir vermehrt unverpackt einkaufen, gelingt es uns vielleicht, den ständig wachsenden Müllberg zu reduzieren.

Prüfungstraining

P **TestDaF – Leseverstehen 1:** 1. G, 2. D, 3. I, 4. E, 5. B, 6. I, 7. I, 8. C, 9. F, 10. H

Kapitel 7   Recht so!

1 1. Produktpiraterie, 2. Heiratsschwindel, 3. Sachbeschädigung, 4. Einbruch, 5. Erpressung, 6. Betrug, 7. Raubüberfall, 8. Fahrerflucht, 9. Fälschung, Lösungswort: Diebstahl

2 -anzeige, -befehl, -bestand, -erlass, -fälligkeit, -geld, -gericht, -gesetz, -maßnahme, -tat, -verteidiger, -vollzug. -vollzugsbeamter, -zettel; Freiheits-, Geld-, Haft-, Höchst-, Todes-, Vor-

3 1. Strafgesetzbuch, 2. Vergehen, 3. Beschädigung, 4. Strafe, 5. vorausgesetzt, 6. Sache, 7. bedeutet, 8. Eigentum, 9. Versuch, 10. strafbar. Vergehen: Sachbeschädigung

4 1. g, 2. f, 3. e, 4. h, 5. a, 6. d, 7. c, 8. b

5 1. Körperverletzung, 2. Betäubungsmittelgesetz, 3. Trunkenheit, 4. straffällig, 5. Verwarnung

6a 1. mithalten, 2. erbringen, 3. lösen, 4. entlassen

7 Genres: Agentenroman, Detektivgeschichte, Regionalkrimi, Thriller, Wirtschaftskrimi
Figuren: Ermittler, Erzähler, Kommissar, Mörder, Opfer, Privatdetektiv, Polizeihauptmeister, Psychopath, Täter, Zeuge
Verbrechen: Betrug, Entführung, Erpressung, Geiselnahme, Raubüberfall, Totschlag
Motive: Eifersucht, Existenzangst, Habgier, Hass, Leidenschaft, Rache

8a 1. W ~~beobachten~~ bezweifeln, 2. W ~~Sprechweise~~ Sichtweise, 3. S ~~Angabe~~ Ansicht, 4. S ~~Anzeichen~~ Aspekte/Seiten, 5. W ~~widerspiegeln~~ widersprechen, 6. S ~~besichtigen~~ beobachten, 7. W ~~setzen~~ sehen, 8. S ~~unterbringen~~ unterschätzen, 9. S ~~klassisch~~ klar

9a 2., 4., 5.

9b 1. Der Text erwischt das Thema …, 2. ernannt, 3. Zufällig, 4. Irgendwie, 5. aufgebracht, 6. beglaubigen, 7. im Gedanken an

10a 1. Was halten Sie davon, wenn wir …, 2. Wie finden Sie folgende Idee …?, 3. Ich hatte den Gedanken …, 4. Wären Sie einverstanden, wenn wir …, 5. Ich fände es gut, wenn …, 6. Ich würde vorschlagen …

10b 2. h dagegen; 3. b scheint, geeignetsten; 4. i Standpunk; 5. e gute, 6. d nachvollziehen, davon; 7. a, spricht, Idee, 8. c halte, 9. g einig

11a 1. Subjekt, 2. *es*, 3. anstelle, 4. Satzglied, 5. eins, 6. Hauptsatz, 7. Nebensatz

11b 1. Es wird häufig nach den Ursachen für die zunehmende Gewalt unter Jugendlichen gefragt. 2. Es wird auf die fatalen Einflüsse von Drogen und Alkohol bei jugendlichen Straftätern verwiesen. 3. Es wird auch die Rolle des Elternhauses hervorgehoben, da dieses großen Einfluss hat. 4. Es wird auch die Suche nach Anerkennung erwähnt, die Jugendlichen besonders wichtig ist. 5. Es wird von vielen ein härteres Jugendstrafrecht gefordert, um der zunehmenden Kriminalität entgegenzuwirken.

11c 2. Bei jugendlichen Straftätern wird auf die fatalen Einflüsse von Drogen und Alkohol verwiesen. / Auf die fatalen Einflüsse von Drogen und Alkohol bei jugendlichen Straftätern wird verwiesen. 3. Auch die Rolle des Elternhauses wird hervorgehoben, da dieses großen Einfluss hat. 4. Auch die Suche nach Anerkennung wird erwähnt, die Jugendlichen besonders wichtig ist. 5. Von vielen wird ein härteres Jugendstrafrecht gefordert, um der zunehmenden Kriminalität entgegenzuwirken. / Ein härteres Jugendstrafrecht wird von vielen gefordert, um der zunehmenden Kriminalität entgegenzuwirken.

12a 2. Die Eltern müssen einbezogen werden. 3. Präventionskonzepte müssen zielgruppenspezifisch entwickelt werden. 4. Mehr sport- und erlebnispädagogische Angebote müssen geschaffen werden. 5. Präventionsarbeit muss ressortübergreifend vernetzt werden. 6. Soziale Kompetenzen und Reflexionsbereitschaft müssen gefördert werden.

12b 2. Sozialarbeiter sind sich sicher, dass die Eltern hätten einbezogen werden müssen. 3. Projektleiter denken, dass Präventionskonzepte zielgruppenspezifisch hätten entwickelt werden müssen. 4. Den Schulen wird vorgeworfen, dass mehr sport- und erlebnispädagogische Angebote hätten geschaffen werden müssen. 5. Viele Politiker sind sich einig, dass Präventionsarbeit ressortübergreifend hätte vernetzt werden müssen. 6. Alle Verantwortlichen meinen, dass soziale Kompetenzen und Reflexionsbereitschaft hätten gefördert werden müssen.

13a 3

13b 1. Gesetzestexte, die man oft nur schwer verstehen kann, 2. der Gesetzesdschungel, den man kaum noch überschauen kann, 3. viele Vorschriften, die man nicht nachvollziehen kann, 4. unendlich viele Regeln, die man beachten muss

13c 1. nur schwer zu schließende Gesetzeslücken, 2. das noch zu bezahlende Bußgeld, 3. die einzuhaltende Mittagsruhe, 4. die unbedingt zu treffenden Entscheidungen

14 2. Eine Flut von kaum zu bewältigenden Verfahren überschwemmt jährlich die ohnehin schon durch Personalmangel überforderten deutschen Gerichte. 3. Nach Meinung einiger Politiker seien oft auch endlich zu entkriminalisierende Bagatelldelikte ein Grund für verzögerte Strafverfahren. 4. Ihrer Meinung nach könnten die notorisch überlasteten Richter den effektiv zu bekämpfenden schweren Straftaten nicht genügend Zeit widmen.

15 1. stand, 2. zu zahlenden, 3. bemerkte, 4. gezogen wurde, 5. hatte … umgedreht, 6. musste … feststellen, 7. entwendet worden war, 8. sah, 9. beiliegend, 10. lief, 11. aufgehalten worden zu sein, 12. konnte … entkommen, 13. flüchtende, 14. wurde … beobachtet, 15. zu fassende, 16. zu widerlegende, 17. erstatte

Prüfungstraining

P **TestDaF – Hörverstehen 2:** 1. F, 2. R, 3. R, 4. F, 5. R, 6. F, 7. R, 8. F, 9. R, 10. R

P **TestDaF – Mündlicher Ausdruck, Aufgabe 3** (Einen ausführlichen Lösungsvorschlag finden Sie unter www.aspekte.biz im Bereich „Online-Material/Downloads".)

Kapitel 8   Du bist, was du bist

2a 1. die Aufrichtigkeit, 2. die Angst, die Ängstlichkeit, 3. die Depression, 4. die Ehrlichkeit, 5. die Empfindsamkeit, 6. die Furcht, 7. die Freude, der Frohsinn, 8. das Gefühl, 9. das Glück, 10. die Niedergeschlagenheit

2b 2+6, 3+10, 5+8, 7+9

3a Herzanfall, Herzbeklemmung, Herzbeschwerden, Herzflimmern, Herzinfarkt, Herzklappe, Herzrhythmus, Herzprobleme, Herzschlag, Herzschmerz, Herzversagen, Herzensangelegenheit, Herzensbrecher, Herzensfreude, Herzenslust, Herzenssache, Herzlichkeit, herzallerliebst, herzensgut, herzergreifend, herzerquickend, herzerweichend, herzförmig, herzhaft, herzlich, herzlos, herzzerbrechend

3b 2. e Seele, 3. j das Herz, 4. h die Seele, 5. i das Herz, 6. k das Herz, 7. c die Seele, 8. f Seele, 9. b Herzens, 10. d der Seele, 11. l Herzen, 12. a Herzen

4 1. einprägen, 2. zu untermauern, 3. sich an … erinnern, 4. eindeutig, 5. befragt, 6. nennen, 7. bestärke, 8. beeinflusse

Lösungen

5a 1. Chromosom, 2. Unterschiede, 3. Verhaltensweisen, 4. Kontakte, 5. Konfliktsituationen,
6. verbal, 7. Aggression, 8. Gehirnhälfte,
9. Sprachvermögen, 10. Vorstellungskraft

6 1. d, 2. f, 3. b, 4. c, 5. a, 6. h, 7. g, 8. e

7 1. Sprech-, 2. Kinder-, 3. Verkehrs-, 4. -berechti-
gung, 5. -methode, 6. -wissenschaft, 7. -ratgeber

8a 1. Wenn ich mein Umfeld ansehe, dann … 2. Ich
habe noch nie erlebt, dass … 3. In meiner Familie
ist es so, dass … 4. Während meiner Schulzeit
habe ich …

8b A1. b, b; A2. b, c; A3. c; A4. a; A5. b; A6. c; Z7. c,
Z8. c

9 Etwas ist sicher: Alle Anzeichen sprechen dafür,
dass …; Ich bin überzeugt, dass …; Alles deutet
darauf hin, dass …; Zweifellos ist es so, dass …;
Etwas ist wahrscheinlich: Ich bin ziemlich sicher,
dass …; Ich nehme an, dass …; Etwas ist möglich:
Es besteht die Möglichkeit, dass …; Es ist
denkbar, dass …; … lässt vermuten, dass …; Es
ist nicht ausgeschlossen, dass …; Eventuell …/
Möglicherweise …

10 1. Entschuldigung, dass ich unterbreche, aber …;
2. Eine kurze Bemerkung zum Stichwort …;
3. Wenn ich da kurz einhaken dürfte …; 4. Wenn
ich dazu etwas sagen dürfte …; 5 Verzeihung,
wenn ich Ihnen ins Wort falle …

11 1. Fähigkeit, 2. Möglichkeit, 3. Bitte,
4. Vermutung, 5. Erlaubnis, 6. Verbot,
7. moralische Pflicht, 8. Empfehlung, 9. Vorschlag,
10. Pflicht, 11. Wunsch, 12. Behauptung,
13. Vermutung, 14. Behauptung

12a s1. x, o2., s3. x, o4., o5., s6. x, s7.

12b 1.: 3, 6; 2.: 1, 7

12c 1. Ao, 2. Ps, 3. Po, 4. As

13 2. Ergebnis der Studie war, dass die Farbe Blau
die Kreativität fördern soll. 3. Eine Wissenschaftlerin von der Ludwig-Maximilians-Universität
München will dagegen bewiesen haben, dass
die Farbe Grün den Einfallsreichtum der
Menschen steigert. 4. Laut US-Psychologen von
der Universität von Rochester sollen Menschen,
die rote Sachen tragen, attraktiver auf ihre
Mitmenschen wirken. 5. Mit ihrer Studie soll
lediglich eine längst bekannte Wirkung von Rot
untermauert worden sein. 6. Teilnehmer an
einem anderen Experiment wollen beim
Korrigieren mit einem Rotstift mehr Fehler
gefunden haben als beim Korrigieren mit einem
blauen Stift. 7. Psychologen zufolge sollen
Rotstifte den Lehrern mehr Autorität verleihen.
8. Laut einer Studie von Wissenschaftlern von
der Universität von Newcastle soll die Farbe Blau
in der Beliebtheitsskala bei den Menschen ganz
weit oben stehen.

14a sicher: bestimmt, gewiss, sicher, zweifellos
sehr wahrscheinlich: vermutlich, wahrscheinlich,
wohl
möglich: angeblich, denkbar, eventuell,
möglicherweise, vielleicht

14b sicher: müssen, nicht können
sehr wahrscheinlich: dürfen (Konjunktiv II),
können
möglich: können (Konjunktiv II)

15a Durch sogenannte Hochbegabtentests (1) will
man herausfinden, ob Kinder überdurchschnittliche Fähigkeiten besitzen (2) könnten.
Dabei (3) müssen die Kinder auch einen IQ-Test
machen, wobei der IQ nur einen Teil dessen
ausmachen (4) dürfte, was man als Hochbegabung bezeichnen (5) kann. Ein solcher IQ-Test
(6) kann nicht ausschlaggebend für das Erkennen
einer Hochbegabung sein. Ein hochbegabtes
Kind (7) kann seinen Altersgenossen auch in
sprachlicher, künstlerischer oder sportlicher
Hinsicht voraus sein. Ehrgeizige Eltern, die
wissen (8) wollen/möchten, ob ihr Kind hochbegabt ist, (9) könnten ihren Kindern mit einem
Hochbegabtentest sogar schaden, denn diese
(10) könnten von der Situation überfordert sein.
Auf jeden Fall aber (11) dürfte allen klar sein, dass
solche Tests nur von staatlich anerkannten
Psychologinnen und Psychologen durchgeführt
werden (12) dürfen/sollten.

15b 1. Möglicherweise erbrächten viele Schüler
bessere Leistungen, wenn die Qualität der
Lernaktivitäten verbessert würde. 2. Es ist
höchstwahrscheinlich, dass eine Kombination
verschiedener Unterrichtsmethoden hierbei
hilfreich ist. 3. Zweifellos spielt auch die außerschulische Förderung eine große Rolle bei der
Entwicklung der Kinder. 4. Es ist durchaus nicht
sicher, dass aus hochbegabten Schülern unbedingt auch erfolgreiche Erwachsene werden.

16 1. c, 2. b, 3. c, 4. b, 5. b, 6. b, 7. b, 8. a

Prüfungstraining

P **DSH – Leseverstehen** (Bei den mit * gekennzeichneten Lösungen handelt es sich um
Lösungsvorschläge):
1. 1. R, 2. F, 3. F
2. (2. Kasten) Eltern von heute: stärkeren Zugriff
auf die Lebensbereiche der Kinder → (3. Kasten)
stärkere Kontrolle auf die Kinder → (4. Kasten)
Kinder von heute: einem höheren Leistungs-
druck ausgesetzt als es ihre Eltern in der Kindheit
waren (*Kommentar: Bei diesem Aufgabentyp
müssen Sie schematisch zeigen, wie sich Textinfor-
mationen aufeinander beziehen. Achten Sie auf
die Pfeile – sie weisen auf logische Beziehungen hin*

(Grund → Folge) – und Konnektoren (da, weil, nämlich, folglich etc.). In Z. 35–41 heißt es: „Friederike Otto … hat sogar festgestellt, dass das Gegenteil der Fall ist, …". Um verstehen zu können, was dies genau bedeutet, müssen Sie rückwärts lesen (Z. 23–34).

3. * Im Unterschied zu früher müssen heutzutage sowohl die Kinder als auch die Eltern mehr leisten.

4. • sich individuell entfalten versus die Norm erfüllen
• entspannen versus Aufgaben ordentlich erledigen
• sich mehr bewegen versus konzentriert sitzen

5. * a Eltern sollen mit gutem Beispiel vorangehen. Sie sollen sich dessen bewusst werden, welche Anforderungen sie an sich selbst stellen.
* b Eltern sollen ihren Kindern vermitteln, dass Probleme zum Leben gehören und man trotzdem optimistisch bleiben soll.

6. * …, dass Eltern in der Kindererziehung vieles richtig machen, obwohl sie oft Zweifel haben und unsicher sind.

7. a die Kleine, b dass ihre Kinder gestresst sind, c *Die Sätze von Z. 23–27:* Kinder besprechen … oder an Kunstkursen teil, d Eltern

8. d

9. * Kinder sollen am Beispiel ihrer Eltern lernen, nicht nur Spaß an der Leistung, am Lernen, sondern auch am Nichtstun zu haben. So wie beim Essen – da gibt es auch beides: Salat und Gummibärchen.

P **TestDaF – Mündlicher Ausdruck, Aufgabe 4**
(Einen ausführlichen Lösungsvorschlag finden Sie unter www.aspekte.biz im Bereich „Online-Material/Downloads".)

Kapitel 9   Die schöne Welt der Künste

1a 1. zeitgenössischen, 2. Künstlern, 3. Gemälde, 4. Auktionshäusern, 5. reichsten, 6. Bewegung, 7. Schaffensphase, 8. Vorlage, 9. Abmalen, 10. konventionellen, 11. Maltechnik, 12. Pinsel, 13. Darstellungsweise, 14. Vorherrschend, 15. Farbe, 16. Ausdruck, 17. stilistisch, 18. Foto-realismus, 19. Werke, 20. realistisch

1b 1. Gegenwartskunst, 2. Pinsels, 3. Leinwände, 4. Malerei, 5. architektonischen, 6. Installationen, 7. Ausstellung, 8. Werk, 9. Farbe, 10. Materialien, 11. Kunstakademie, 12. Kunstwelt

2b 1. f, 2. d, 3. a, 4. e, 5. b, 6. c

2c 1. haben, 2. entwickeln, 3. steigern, 4. lösen, 5. stecken, 6. blamieren

3 1. b, 2. a, 3. b, 4. b, 5. b, 6. b, 7. a, 8. b, 9. b, 10. b, 11. b, 12. a, 13. b, 14. a

4a 1. Comic, 2. Gebrauchsanweisung, 3. Kochrezept, 4. Kriminalroman, 5. Leserbrief, 6. Reisebericht, 7. Wörterbücher, 8. Zeitungsartikel

4b auflesen, erlesen, handverlesen

5a Ü1. Überraschend ist die Tatsache, dass … Ä2. Genauso verhält es sich auch bei … , U3. … und … unterscheiden sich deutlich voneinander., Ü4. Vergleicht man … und …, erkennt man große Übereinstimmungen. Ü5. Die Ergebnisse aus … sind für mich sehr überraschend. U6. Ganz anders stellt sich … dar. Ä7. Vergleichbar ist die Situation mit …, Ü8. Völlig neu war für mich …

6a 1. e bedeutendsten, deutschsprachigen; 2. g geboren; 3. k wuchs; 4. b Deutschland; 5. f brach, schreiben; 6. l Kinder; 7. c Durchbruch; 8. i Krimis; 9. a zeichnen, Humor; 10. d subtile; 11. h erhalten, gilt; 12. j geworden, Glückwunsch.

6b 1. die Komödie, 2. tiefsinnig, 3. die Spannung, 4. die Heldin, 5. die Lektüre, 6. der Roman, 7. das Genre, 8. der Kriminalroman, 9. die Handlung, 10. unterhaltsam

6c I1. Roman, G2. Genre, G3. Kriminalroman, G4. Komödien, B5. unterhaltsam, I7. Schauplatz, I8. Heldin, B9. Lektüre

7a 1. auf + A: ankommen, hinauslaufen; 2. in + D: bestehen; 3. auf + D: beruhen, bestehen; 4. von + D: abhängen; 5. aus + D: erwachsen; 6. vor + D: sich ängstigen; bei + D: helfen, unterstützen; zu + D: gelangen, dienen

7b 2. „Der beste Weg, gute Ideen zu erhalten, besteht in der Entwicklung möglichst vieler Ideen", sagte schon der Nobelpreisträger Linus Pauling. 3. Denn Kreativitätstechniken laufen nicht auf Steigerung der Qualität von Ideen hinaus, sondern einfach auf die Produktion von mehr und anderen Ideen. 4. Allerdings kommt es auch beim Erfinden neuer Ideen auf die Ausdauer an. 5. Der Klassiker unter den Kreativitätstechniken ist das Brainstorming, eine Technik, die in vielen Bereichen zum erfolgreichen Finden von Ideen dient. 6. Wichtig ist beim Brainstorming, dass man sich nicht vor einer Blamage ängstigt. 7. Der Erfolg dieser Technik hängt natürlich auch vom Mut zur freien Meinungsäußerung ab. 8. Oft erwachsen gute Ideen auch aus dem Aufgreifen von Ideen der anderen.

7c 1. Oft führen eher alltägliche Situationen dazu, dass man kreatives Denken entwickelt, also Tätigkeiten, die nichts damit zu tun haben, dass man Zwänge erlebt, wie z. B. Spazierengehen oder Tagträumen. 2. Ist es für die Kreativität unerlässlich, dass man sich von alten Denk-

Lösungen

strukturen loslöst? 3. Kreative Ideen ergeben sich immer daraus, dass man Altes und Neues verbindet.4. Dennoch besteht Kreativität natürlich auch darin, gewohnte Grenzen zu überwinden. 5. Und um kreativ zu sein, sollte man weder Angst davor haben, Fehler zu machen, noch Scheu davor, abgelehnt zu werden.

8a waagerecht: daraufhin (1. Z.), mittlerweile (3. Z.), gleichzeitig (4. Z.), vielmehr (6. Z.), bis dahin (7. Z.), inzwischen (8. Z.), stattdessen (11. Z.), dagegen (13. Z.)
senkrecht: allerdings (2. Sp.), demgegenüber (14. Sp.)
Einschränkung: allerdings; Gegensatz: vielmehr, stattdessen, dagegen, demgegenüber; Zeit: daraufhin, mittlerweile, gleichzeitig, bis dahin, inzwischen

8b 1. Hauptsatz, 2. Adverb, 3. Konnektor, 4. Verb, 5. Subjekt, 6. Subjekt, 7. Verb, 8. Konnektor, 9. Texte, 10. eleganter

8c 1. Stattdessen, 2. Gleichzeitig, 3. Vielmehr, 4. Inzwischen, 5. Allerdings, 6. Bis dahin

9a Abfolge: auch, außerdem, da, dann, ebenso, weiterhin, zusätzlich
Gegensatz: andererseits, auf der anderen Seite, im Gegensatz dazu
Grund: aus diesem Anlass, aus diesem Grund, darum, deshalb, deswegen, nämlich
Ort: an diesem Ort, an dieser Stelle, da, daher, dahin, dort, dorthin, von dort
Folge: daher, folglich, infolgedessen
Zeit: damals, danach, dann, davor, seitdem, später, zur gleichen Zeit, zuvor

9b 1. trotzdem, 2. später, 3. dorthin, 4. auf der anderen Seite

10 1. a, 2. b, 3. c, 4. c, 5. a, 6. b, 7. a, 8. b, 9. c, 10. b, 11. b, 12. b

Prüfungstraining

P **TestDaF – Hörverstehen 3:** 1. a Sprache/ sprachlicher Aspekt, b Aufbau/Struktur des Textes, c literarische Innovation, d Wie interessant ist das Thema? 2. Kriminalromane / Erzählungen / Unterhaltungsromane / alle Genres / Romane; 3. Prosa + Lyrik, 4. durch Verlagsprogramme, Entwicklungen auf dem Buchmarkt; 5. von verschiedenen Medien, 6. Auch andere haben sie besprochen. Bücher bekommen Bedeutung auf dem Buchmarkt. 7. zuerst das Buch lesen

P **TestDaF – Mündlicher Ausdruck, Aufgabe 6** (Einen ausführlichen Lösungsvorschlag finden Sie unter www.aspekte.biz im Bereich „Online-Material/Downloads".)

Kapitel 10 — Erinnerungen

2a 1. Denkmal, 2. Einfall, 3. Erinnerungen, 4. Amnesie, 5. Souvenir, 6. Geisterblitz, 7. Andenken, 8. Gedächtnislücke, 9. Gehirn, 10. Nervenzellen, 11. Sieb, 12. Denkfähigkeit; Lösungswort: Mnemotechnik

3 1. rufen, 2. bleiben, 3. behalten, 4. merken, 5. kommen, 6. leiden, 7. auffrischen, 8. trainieren, 9. begleiten, 10. gedenken, 11. entfallen, 12. löschen

4 1. Beschaffenheit, 2. Hirns, 3. entschlüsselt, 4. besteht, 5. Nervenzellen, 6. Netz, 7. speichert, 8. verstärken, 9. Verbindungen, 10. eintreffende, 11. Bruchteile, 12. gelangt 13. Kurzzeitgedächtnis, 14. Langzeitgedächtnis, 15. dringt … vor, 16. dauerhaft

5 1. ~~rekapitulieren~~ > rekonstruieren
2. ~~entnommene~~ > wahrgenommene,
3 ~~Verantwortung~~ > Verfassung, 4. ~~Gedächtnisintrigen~~ > Gedächtnisinhalte, 5. ~~entgegenkommen~~ > entsprechen, 6. ~~empfangen~~ > empfunden, 7. ~~effektiv~~ > fiktiv, 8. ~~entweichen~~ > abweichen, 9. ~~belebt~~ > erlebt

6 1. verbreitete, handeln, 2. Mühe, unterscheiden, 3. beschrieben, 4. fällt, erkennen, 5. zurecht

8 E1. Grund, V2. vielen, passiert, B3. herausgefunden, Ø4. Zahlen, E5. Ursache, V6. erlebt, Ø7. Aktualität, E8. liegt, E9. Dafür, Grund, V10. ungewöhnlich, Ø11. Hälfte, Ø12. Auseinandersetzung, V13. kommt vor, B14. Forschungen, Ø15. gestiegen, V16. Sorgen, Ø17. befassen, Ø18. Angaben
Die mit Ø bezeichneten Redemittel gehören zu: eine Grafik beschreiben: 4, 11, 15, 18; einen Aufsatz schreiben: 7, 12, 17

9a 1. Erlebnisse, 2. Erinnerung, 3. kommt es vor, 4. gestern gewesen, 5. noch genau, 6. entgegenfieberte, 7. zum ersten Mal, 8. abwarten, 9. dieser Zeit, 10. Süßigkeiten, 11. damals gar nicht vorstellen, 12. Schule, 13. immer in Erinnerung bleiben, 14. Klassenlehrerin, 15. damals, 16. Top-Model

10a 2. Es ist unnütz, wenn man lernt und nicht denkt, es ist zwecklos, wenn man denkt und nichts lernt. 3. Es ist keine Schande, wenn man nichts weiß, wohl aber, wenn man nichts lernen will. 4. Man lernt am effektivsten, wenn man andere unterrichtet. 5. Was man nicht lernt, wenn man jung ist, lernt man auch nicht mehr, wenn man älter ist. 6. Wenn du etwas lernst, dann kannst du was. 7. Wenn man nicht fleißig ist, bekommt man auch keine Belohnung.

10b 2. Möchte ich mir unbedingt etwas merken, dann vergesse ich es oft. 3. Hat man schlimme

Dinge erlebt, ist es wichtig, vergessen zu können. 4. Erinnert man sich in guten Zeiten nicht an die schlechte, kommen die schlechten wieder. 5. Erinnern wir uns oft an einen Menschen, dann bleibt er in unserem Herzen lebendig. 6. Will man jemanden vergessen, sollte man alle Dinge, die einen an die Person erinnern, entfernen.

11a 1. die Annahme, 2. der Anruf, 3. die Ausführung, 4. die Betrachtung, 5. die Erforschung, 6. die Erinnerung, 7. der Gebrauch, 8. die Verarbeitung, 9. die Verbindung, das Vergessen

11b 2. Beim Aufruf einer Erinnerung wird die „alte" Erinnerung verändert. 3. Bei der Verarbeitung von Informationen gehen die Nervenzellen im Gehirn neue Verbindungen ein. 4. Bei der Verbindung von Neuronen im Gehirn sprechen wir von Synapsen. 5. Ohne regelmäßigen Gebrauch der neuen Information löst sich dieser Kontakt wieder auf. 6. Vergesslichkeiten im Alltag liegen an zwei konkurrierenden Gehirnprozessen. 7. Bei der Ausführung ganz alltäglicher Vorgänge funktioniert das Gehirn praktisch selbstgesteuert. 8. Bei der wissenschaftlichen Erforschung des Vergessens stößt man auf die Schwierigkeit, dass nicht mehr vorhandene Erinnerungen keinen eindeutigen Abdruck im Gehirn hinterlassen.

12a 1. Konstruktion, 2. Gliedsatzes, 3. Partizip, 4. erweitert, 5. Wortgruppe, 6. Kommas 7. Konditionalsätzen, 8. Denkens, 9. Sagens, 10. Wendung, 11. Präpositionalergänzung, 12. *dass*-Satz

12b ohne Ergänzung: ausgedrückt, betrachtet, formuliert, genommen, gesagt, geschätzt
Präpositionalergänzung: abgesehen von, verglichen mit
dass-Satz: angenommen, vorausgesetzt

12c 1. anders, 2. bildlich, 3. frei, 4. genau, 5. grob, 6. negativ, 7. kurz, 8. oberflächlich, 9. objektiv, 10. offen, 11. streng, 12. theoretisch

12d 1. Rein objektiv betrachtet ist … 2. Rein wissenschaftlich gesehen … 3. Der neuronale Vorgang scheint, verglichen mit Ergebnissen aus Experimenten mit Insekten, … 4. Genau genommen … 5. Anders formuliert … 6. Ehrlich gesagt … 7. Grob geschätzt …

13a 1, 3, 4

13b 1. c, 2. b, 3. c, 4. c, 5. c, 6. a

14a kein zu: 2, 5, 7, 12, 15, 17, 20, 25, 26, 28, 32, 34, 36, 39

14b 1. Du scheinst keine wichtigeren Probleme zu haben. 2. Der Brief der Kunstlehrerin ist doch nicht so ernst zu nehmen. 3. Du brauchst dich nicht darüber zu ärgern. 4. Das Problem ist schnell zu lösen. 5. Das ist in den Griff zu

bekommen, wenn du mit Paula redest. 6. Auf jeden Fall hast du dich bei Yannis zu entschuldigen. 7. Sonst droht eure Ehe zu scheitern. 8. Das ist doch einzusehen, oder?

Prüfungstraining
P DSH – Wissenschaftssprachliche Strukturen
1. Unser Hirn besteht, grob geschätzt, aus etwa 100 Milliarden <u>zu einem riesigen Netz verbundenen</u> Nervenzellen (Neuronen). (Relativsatz → Partizipialattribut)
2. <u>Wenn</u> ein <u>ankommender Reiz</u> eine Nervenzelle <u>erregt</u>, leitet sie einen elektrischen Impuls mithilfe von Botenstoffen an ihre Nachbarzellen weiter (…). (Verberststellung → Konditionaler Konnektor, Passiv → Aktiv)
3. Genau betrachtet, <u>lässt sich</u> das Langzeit-gedächtnis noch weiter <u>unterteilen</u>. *Oder auch:* Genau betrachtet, <u>ist</u> das Langzeitgedächtnis noch weiter <u>unterteilbar</u>. (Passiv mit Modalverb → Passiversatz)
4. <u>Wenn</u> wir <u>gehen</u> oder <u>Rad fahren</u>, erinnern wir uns unbewusst daran, welche Muskeln wann aktiviert werden müssen. (Nominalform → Verbalform)
5. Die Lücken füllen wir <u>durch Raten</u> aus. (Verbalform → Nominalform)
6. Aber <u>beim wiederholten / bei wiederholtem Vergleich/Vergleichen seiner Einzelheiten</u> mit dem Original fänden sich gewiss bedeutende Unterschiede. (Verbalform → Nominalform)
7. Die Speicherung <u>hängt von</u> unserer emotionalen Beteiligung <u>ab</u>. (Lexikalische Umformung)
8. Die eine geht davon aus, dass die Erinnerung, <u>die</u> in unserem Gehirn <u>gespeichert ist/wurde/ wird</u>, einfach mit der Zeit verblasst. (Partizipialattribut → Relativsatz)
9. Dann müssten wir jedoch umso mehr vergessen, je mehr Zeit seit dem Ereignis, <u>das erinnert werden soll/sollte/muss/ das zu erinnern ist</u>, vergangen ist. (Modales Partizip → Relativsatz)
10. Sie besagt, dass wir bestimmte Dinge <u>aufgrund/wegen der/ihrer/derer Überlagerung</u> oder Störung <u>durch neue, interessantere Eindrücke</u> vergessen. (Verbalform → Nominalform)
11. 1. b) Konjunktiv II, 2. c) Hypothetische Annahme
12. b) Folge

Bildnachweis/Audio-CD

S. 4 Artisticco – shutterstock.com
S. 5 Nobelus – shutterstock.com
S. 7 imageZebra – shutterstock.com
S. 12 damato – shutterstock.com
S. 13 studiostoks – shutterstock.com
S. 15 Cienpies Design – shutterstock.com
S. 16 LDprod – shutterstock.com
S. 17 John T Takai – shutterstock.com
S. 19 Quelle & Grafik: BKK Bundesverband
S. 20 nito – shutterstock.com
S. 23 ponsulak – shutterstock.com
S. 24 style-photography – shutterstock.com
S. 28 links: Kevin George – shutterstock.com; Mitte:
Kzenon – shutterstock.com; rechts:
lassedesignen – shutterstock.com
S. 29 Sven Hoppe – shutterstock.com
S. 30 PlusONE – shutterstock.com
S. 32 Takashi Images – shutterstock.com
S. 37 Marish – shutterstock.com
S. 39 art4all – shutterstock.com
S. 40 aslysun – shutterstock.com
S. 41 Lisa S. – shutterstock.com
S. 42 Statista GmbH / Quelle: BITKOM
S. 43 links: Alexander Raths – shutterstock.com;
rechts: bikerider-london – shutterstock.com
S. 44 oben links: Andresr – shutterstock.com; oben
Mitte: Sofiaworld – shutterstock.com; oben
rechts: dotshock – shutterstock.com; unten:
Blazej Lyjak – shutterstock.com

S. 45 Valentina_S – shutterstock.com
S. 46 dpa-infografik – picture-alliance
S. 48 kubais – shutterstock.com
S. 53 Olga Rosi – shutterstock.com
S. 55 A: Christian Mueller – shutterstock.com;
B: wims-eye-d – shutterstock.com; C: Eddies
Images – shutterstock.com
S. 57 Jirsak – shutterstock.com
S. 59 Statista GmbH / Quelle: BITKOM
S. 60 art_of_sun – shutterstock.com
S. 62 igor kisselev – shutterstock.com
S. 64 Muellek Josef – shutterstock.com
S. 68 360b – shutterstock.com
S. 70 xavier gallego morell – shutterstock.com
S. 71 Ingrid Noll: Der Mittagstisch, Copyright © 2015
Diogenes Verlag AG Zürich
S. 72 EKS – shutterstock.com
S. 75 DIE WELT Infografik
S. 76 microvector – shutterstock.com
S. 77 Lightspring – shutterstock.com
S. 79 Lightspring – shutterstock.com
S. 81 Andrey_Popov – shutterstock.com
S. 82 Audrey_Kuzmin – shutterstock.com
S. 83 Andrea Danti – shutterstock.com

Audio-CD zum Intensivtrainer

Track	Prüfung, Aufgabe	Kapitel	Länge
1	Vorspann		0:14
2	TestDaF, Mündlicher Ausdruck, Allgemeine Anweisungen	1	2:44
3	TestDaF, Mündlicher Ausdruck, Aufgabe 1	1	2:21
4	TestDaF, Mündlicher Ausdruck, Aufgabe 2	1	3:20
5	TestDaF, Mündlicher Ausdruck, Aufgabe 7	1	4:05
6	TestDaF, Hörverstehen 1	2	5:03
7	TestDaF, Mündlicher Ausdruck, Aufgabe 5	3	5:04
8	DSH, Hörverstehen	4	10:16
9	TestDaF, Hörverstehen 2	7	7:23
10	TestDaF, Mündlicher Ausdruck, Aufgabe 3	7	3:40
11	TestDaF, Mündlicher Ausdruck, Aufgabe 4	8	6:24
12	TestDaF, Hörverstehen 3	9	14:36
13	TestDaF, Mündlicher Ausdruck, Aufgabe 6	9	6:29

71:44

Das Transkript zu Audio-CD finden Sie unter www.aspekte.biz